融合、感悟、认同

——课程思政优秀案例集

主 编 祁永敏 范影乐

西安电子科技大学出版社

内容简介

为增强"课程思政"教学设计能力，提升课程育人能力，打造精品课堂，提高育人效果，本书以汇编形式展示专业课程中"课程思政"的具体实践，以推广多样化的"课程思政"教学设计方法和"课程思政"育人经验，充分发挥示范辐射作用，促进教师相互交流学习，使更多的教师、学生从中受益。本书精选了 50 个有代表性的优秀"课程思政"教学设计案例，每个案例都包括课程基本情况、思政育人目标、与专业教学内容相结合的思政育人映射与融入点、教学实施过程、教学方法和载体途径、教学成效和教学反思这六个部分。

本书可作为专业课程的教学参考。

图书在版编目(CIP)数据

融合、感悟、认同：课程思政优秀案例集/祁永敏，范影乐主编. —西安：西安电子科技大学出版社，2021.11(2022.10 重印)

ISBN 978-7-5606-6221-3

Ⅰ. ①融… Ⅱ. ①祁… ②范… Ⅲ. ①高等学校—思想政治教育—教案(教育)—中国 Ⅳ. ①G641

中国版本图书馆 CIP 数据核字(2021)第 207276 号

策　　划　陈　婷
责任编辑　阎　彬
出版发行　西安电子科技大学出版社(西安市太白南路 2 号)
电　　话　(029)88202421　88201467　　　　邮　　编　710071
网　　址　www.xduph.com　　　　电子邮箱　xdupfxb001@163.com
经　　销　新华书店
印刷单位　陕西日报社
版　　次　2021 年 11 月第 1 版　　2022 年 10 月第 3 次印刷
开　　本　787 毫米×1092 毫米　1/16　印　张　12.5
字　　数　295 千字
印　　数　1501～3500 册
定　　价　34.00 元

ISBN 978-7-5606-6221-3/G

XDUP　　6523001-3

如有印装问题可调换

前　言

　　教育强国是实现中国梦的必由之路，新时代的高等教育肩负着为中华民族伟大复兴提供智力支持和人才保障的历史使命。全面推进高校课程思政建设，是高质量教育体系建设的重要任务，更是培养社会主义合格建设者和可靠接班人的必要条件。

　　杭州电子科技大学坚持以"立德树人"为根本任务，强化教学中心地位，把培养学生的家国情怀作为人才培养的首要任务。我校认真落实《高等学校课程思政建设指导纲要》，将思想政治教育贯穿于本科教育的全过程和各环节，构建金字塔形的课程思政体系，提出并贯彻"分层推进、分类实施"的理念，即面向"校—院—学科—专业"分层推进，面向"四新建设"不同学科特点分类实施。我校从制度机制设计、育人能力提升、课程内容优化、优秀教师示范等方面推动课程思政建设的守正创新，形成了"课程思政"与"思政课程"紧密结合、同向同行的育人大格局。

　　我校教师通过基层教学组织活动，积极开展课程思政教育教学研究，深入挖掘课程德育元素、德育功能和德育资源，重点推进课程思政课堂创新，拓展教学内容，强调专业课程与思政元素的融合，通过教学相长使学生获得对真善美的感悟，最终激发青年学子对新时代使命多维度的认同。

　　本书收录的优秀案例正是来自于上述示范课程，希望通过本案例集的出版进一步营造课程思政建设的浓厚氛围，扩大高校之间的合作交流，持续推进高校课程思政高质量建设。

编　者

2021 年 5 月

前　言

目 录

经 管 人 文 类

理 工 类

经管人文类

一、"菜篮子"与社区关系的建设

吕丽辉　管理学院

(一) 课程基本情况

课程名称：公共关系学

课程学时：32

课程学分：2

(二) 思政育人目标

本案例运用课堂讲授、提问启发、课堂分组讨论、案例教学等教学手段，结合"菜篮子"主题，就组织如何与聚集在某一地域中的社会群体及社会组织建立良好的公共关系进行讲解。通过本案例可达到如下两个目标：

(1) 通过讲解社会组织提供便民服务解决社区民生问题的案例，阐释人民利益高于一切的道理，帮助学生树立"以人民为主体"的价值观。

(2) 通过讲解组织在处理社区关系、解决社区需求问题上能够克服重重困难的事实和原因，让学生对"中国力量"有更深的体会和理解，认识到中国力量体现在中国人身上，是一种团结的、锲而不舍的精神力量。

(三) 与专业教学内容相结合的思政育人映射与融入点

"公共关系学"课程中，与专业教学内容相结合的思政育人映射与融入点见表1-1。

表 1-1　思政育人映射与融入点

专业知识、技能	思政育人映射与融入点
处理好社区关系的必要性	"以人民为主体"的价值观
处理社区关系的艺术	不畏艰难、锲而不舍的中国力量和中国精神

(四) 教学实施过程

教学实施过程如表1-2所示。

表 1-2　教学实施过程

授课内容——思政映射与融入点	教学实施过程
处理好社区关系的必要性——"以人民为主体"的价值观	通过理论讲解 + 启发 + 讨论： (1) 以学生所在社区为对象，通过提问，引导学生发起对组织社区关系的观察与讨论； (2) 结合现代社会组织不是单纯的技术经济实体，而是整个社会机体的一分子，引出处理好社区关系的必要性； (3) 介绍"疫情期间买菜难"的现象，对组织通过便民服务解决社区民生问题的案例进行分析，帮助学生确立"以人民为主体"的价值观
处理社区关系的艺术——不畏艰难、锲而不舍的中国力量和中国精神	通过案例 + 讨论 + 理论讲解 + 提问： (1) 以资料展示、视频播放方式，阐释社会组织在处理社区关系上能够克服重重困难的精神与力量，讲解中国力量体现在中国人身上，是一种团结的、锲而不舍的精神力量； (2) 通过课堂讨论与对话，总结各类组织在处理社区关系时不惧风雨、坚守一线的工作精神，提炼处理社区关系的艺术

(五) 教学方法和载体途径

本案例运用课堂讲授、课堂讨论、案例教学等教学手段，结合"防疫战疫"主题，对社区关系进行讲授与分析。本案例从课前、课中、课后三大模块展开。

1. 课前

围绕"以人民为主体"的价值观、"不畏艰难、锲而不舍的中国力量和中国精神"两个思政映射与融入点，提供线上阅读资料及视频，拟定讨论主题，请学生课前预习。

2. 课中

· 第一部分

授课内容是"处理好社区关系的必要性"，思政映射与融入点是"'以人民为主体'的价值观"。通过理论讲解 + 启发 + 讨论完成以下三点：

(1) 以学生所在社区为对象，通过提问，引导学生发起对组织社区关系的观察与讨论；

(2) 结合现代社会组织不是单纯的技术经济实体，而是整个社会机体的一分子，引出处理好社区关系的必要性；

(3) 介绍案例"疫情期间买菜难的问题及社会组织积极解决该问题的工作精神"，以习近平总书记强调的要"落实'菜篮子'市长负责制，积极组织蔬菜等副食品生产，加强物资调配和市场供应，采取措施保证运送生活必需品的车辆顺利通行"为理论基础，讲解组织通过便民服务解决社区民生问题的工作精神。

讨论环节：

(1) 在此次疫情防控工作中，中国共产党人是如何用实际行动对"初心"这一深刻命题做出回应，把人民利益摆在至高无上的地位，保障人民群众生活的？

按照马克思主义唯物史观基本原理，人民既是价值主体，又是实践主体，更是评判主体。这三者既相互区别，又彼此联系，共同交织于"人民主体地位"这一价值内核和"以人民为中心"的价值追求之中。所以，组织保障社区发展，保障人民群众生活，是建立社区关系的根本。

(2) 如何理解组织在解决社区居民生活困难时，展现出的"人民利益大于天"的境界、追求和情怀？

社区关系的真谛与根本就是"以人民为中心"。以人民为价值主体回答了"为了谁"的问题；以人民为实践主体回答了"依靠谁"的问题；以人民为评判主体回答了"由谁来评价"的问题。

辅助载体途径：在泛雅平台上提供关于"买菜难"，国家领导人关于"菜篮子"工作落实等方面的资料信息，同时辅以 APP 推送，帮助同学们确立"以人民为主体"的价值观。

- 第二部分

授课内容是"处理社区关系的艺术"，思政映射与融入点是"不畏艰难、锲而不舍的中国力量和中国精神"。通过案例+讨论+理论讲解+提问完成以下两点：

(1) 以资料展示、视频播放的方式，分别介绍武汉、北京、成都、通化、重庆等地组织的"菜篮子"保供战(见图 1-1)。通过横向比较，得出一致结论：社会组织在处理社区关系上，能够克服重重困难，对这些人民群众最关心、有最直接利益关系的问题进行精细部署和精心安排。中国力量体现在中国人身上，是一种团结的、锲而不舍的精神力量。

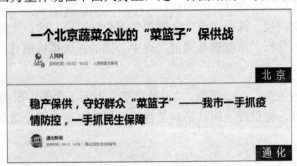

图 1-1　"菜篮子"保供战

(2) 通过课堂讨论与对话，以疫情期间政府组织、基层干部、社区工作者、蔬菜公司、超市等为分析对象，总结各类组织在处理社区关系时不惧风雨、坚守一线的工作精神，提炼处理社区关系的艺术。

讨论环节：

(1) 结合疫情期间组织与你所在的社区，讨论良好社区关系对社会良性发展的贡献。

(2) 通过讨论，判断学生对社区关系重要性的理解。

提问环节：

中国力量与中国精神是如何体现在为社区服务第一线的？

通过提问，深化学生对百折不挠、迎难而上的中国力量与中国精神的体会。

辅助载体途径：泛雅平台提供各地疫情期间处理社区关系的文档、视频等资料，同时辅以 APP 推送。引导学生阅读，提高学生对中国力量与中国精神的理解能力。

3. 课后

要求学生积极关注社区关系发展的最新消息，掌握组织通过实际行动建立良好社区关系的真谛，并且能够在日常的学习和生活中提高思想觉悟，积极践行"以人民为中心"的价值观念。鼓励学生参与课后及线上讨论，并通过泛雅平台或其他途径积极给予教师信息反馈。

(六) 教学成效和教学反思

该案例教学设计围绕两个思政目标——"以人民为主体"的价值观、"不畏艰难、锲而不舍的中国力量和中国精神"展开，可从隐性及显性两方面对学生学习效果进行观察与评估，提升学生获得感。

1. 隐性方面

可从学生思想觉悟提高、课堂关注度等方面进行测量，具体来说：

(1) 通过观察，研判学生如何看待"人民利益大于天"的境界、追求和情怀，从而给予评估。

(2) 可从学生课堂发言以及线上留言的积极性、提供反馈信息的次数等来评估学生的学习态度，并据此判断案例思政教学的实施效果，吸取经验，提升课堂效果。

2. 显性方面

可从学生参与度、学生满意度等方面进行测量，具体来说：

(1) 学生参与度。通过线下、线上讨论环节与提问环节，观察评估学生参与的热情度、发言的积极性等。

(2) 学生满意度。给予学生开放式信息反馈的权利，学生随时可以通过多种渠道，将对授课方法、授课内容等的授课意见反馈给授课教师，教师据此考量学生在学习过程中的感受与体会，进而与学生开展更有针对性的互动。

二、"危"中有"机"：从云生活和宅经济中识别创业机会

张素平　管理学院

(一) 课程基本情况

课程名称：创业管理
课程学时：32
课程学分：2

(二) 思政育人目标

围绕创业机会的来源、影响创业机会识别的因素和创业机会识别的过程等内容，将专业知识传授与课程思政相融合，达成以下三个课程思政育人目标：

(1) 价值引领：以疫情下云生活和宅经济中涌现出来的创业企业或创业模式为例，引导学生树立居安思危的意识，培养学生广博的视野；

(2) 能力培养：培养学生发现问题、分析问题与解决问题的系统思维能力；

(3) 知识学习：掌握创业机会识别和判断的基本方法，熟悉创业机会识别的过程。

(三) 与专业教学内容相结合的思政育人映射与融入点

创业管理课程中，与专业教学内容相结合的思政育人映射与融入点见表2-1。

表2-1　创业管理课程的思政育人映射与融入点

专业知识、技能	思政育人映射与融入点
创业机会的内涵与特征	融入"创业机会的特征"知识点，以疫情下"云生活"和"宅经济"中涌现出来的创业活动为例，分析创业机会三大特征(新颖性、真实性、价值性)在实践中的具体呈现，引导学生树立居安思危意识，开拓学生视野
创业机会的来源	融入"创业机会的来源"知识点，鼓励学生从学习和生活中梳理出当前面临的3～5个问题，并选择其中一个问题，利用小组同学群体智慧，提出可行的解决方案。锻炼学生观察问题、分析问题、解决问题的系统思维能力
创业机会的识别	以"影响创业机会识别的要素"和"创业机会识别的过程"为融入点，设置大案例教学，逐步引导学生开展案例分析，提高学生缘事析理能力

(四) 教学实施过程

1. 学情分析

学生已经学习了创业管理导论、创业者特质、创业团队的构成等内容，接触了阿里巴巴、京东、腾讯等企业的经典创业案例，对创业活动已有了初步的认识。结合本讲的内容，在课程开始时做了一个简短的问卷调查，发现有 85.4%的同学认为"疫情对创业的冲击程度"较高，且有 77.2%的同学认为"受疫情影响冲击最大的行业为制造业、旅游业、运输业"。可见，学生们普遍认识到疫情下企业发展受到了威胁。同时，有少部分学生在回答主观题"在疫情环境下，有没有一些新涌现出来的创业活动"时，提到了线上教育、宅经济、无接触快递服务等关键词。

2. 课程内容分析

课程主要介绍创业机会的内涵、特征、创业机会的来源与创业机会的识别，重点是创业机会的来源与创业机会的识别过程，难点是影响创业机会识别的因素。

在此基础上，借鉴全面质量管理中的 PDCA(Plan-Do-Check-Action)戴明环思路，构建了本次课程思政教学的整体实施框架(见图 2-1)。

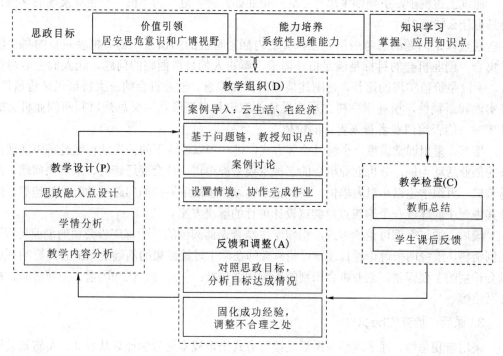

图 2-1　课程思政教学的实施路径

(五) 教学方法和载体途径

通过采用案例导入、小组讨论、案例分析等教学方法，让学生掌握创业机会的内涵与特征、创业机会的来源、创业机会的识别等知识点。

1. 课前：课堂设计(Plan)

围绕本次课的思政目标、教学内容，设置了三个课程思政融入点内容，并在充分考虑学生特点、具体情境、知识重难点等的基础上，凝练了本次课程的三块内容：创业机会的特点、创业机会的来源、创业机会的识别过程。提前两周在 QQ 群和网络教学平台上传《明德广告公司的创业历程》的学生版资料和启发性题目，并在授课前 3 天再次提醒学生阅读案例资料并做初步思考。

2. 课中：课堂组织(Do)

为了让学生更好地理解创业机会的特征与创业机会的来源，本次课程以疫情下的云生活、宅经济中涌现出的创业活动作为情境导入，分析企业如何化"危"为"机"，识别创业机会并实现其商业价值。新冠疫情导致的"宅生活"，正推动着"云"生活模式的转变，办公、教育、医疗、电影、旅游、餐饮、娱乐业都开始向云端转向。以云办公为例，阿里、腾讯、华为等企业在疫情期间纷纷推出了可供用户免费试用的协同办公、远程会议的产品或服务。为了响应教育部门提出的"停课不停学"，一系列在线教育平台如同雨后春笋般涌现出来，学而思、作业帮、猿辅导、火花思维等相继推出了直播授课的模式。除了云办公、云教育外，生鲜电商领域的"云买菜"也火了起来，代表有叮咚生鲜、每日优鲜、明康汇等。

通过上述例子，引导学生思考：这些企业如何转"危"为"机"？企业发现的这些机会具有什么特点？

通过以上问题的思考引出创业机会的内涵与特征的知识点。创业机会是目的与手段的集合。创业机会的目标是满足市场需求，解决人们目前面临的问题，让人们生活得更好。手段是价值实现的途径，是阐述清晰的商业概念。创业机会的三大特征包括价值性、真实性和新颖性，引导学生树立居安思危的意识和辩证唯物主义思想以判断创业机会的好坏——能否给消费者带来真正的价值。

接着，采用课堂讲授、小组讨论等方式，进一步以疫情下的云生活和宅经济中涌现出来的创业活动为例，分析创业机会的三种主要来源渠道：社会变迁趋势、未解决问题、市场缺口。组织学生以小组为单位，观察日常学习和生活中遇到的问题或者听到的抱怨，选择其中一个问题或一个抱怨点，尝试设计可行的解决方案。

最后，通过案例讨论的方式，组织学生结合课前阅读的《明德广告公司的创业历程》案例资料，围绕四个讨论题目逐一讨论。教师在学生讨论结果的基础上归纳总结影响创业机会识别的主要因素。创业机会识别的影响因素包括：创造性、认知因素、先前经验、社会网络等。

3. 课后：检查(Check)

采用自我总结、课上观察与课后反馈等方式来审视本周教学计划从设计、实施到最终教学效果的整个过程。师生之间双向反馈听课/上课的感受。

最后，根据总结和反思的结果，将课程思政授课过程中的成功经验保存下来用到下一周教学过程中，并调整课程思政教学过程中存在的不足之处(如思政融合点知识准备不充分等)，再放入下一周教学计划中进行反馈和处理(Action)。

上述实现模式、方法与载体见图 2-2。

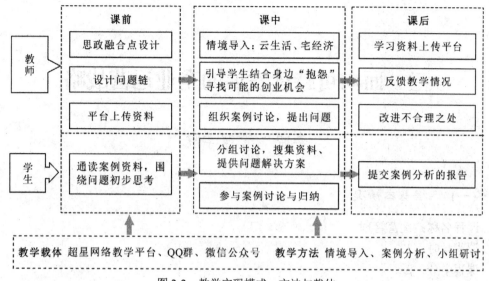

图 2-2 教学实现模式、方法与载体

本课程是考查课,课程的考核由课堂学习表现、平时课外作业和期末作业三部分构成:其中课堂学习表现(包括课堂考勤)占总成绩的 30%;平时作业 3 次,占总成绩的 30%;期末作业占总成绩的 40%。在课堂进行中,教师主要从价值、情感、行为三个方面观察并记录学生的课堂表现情况。从学生课堂发言的内容判断其价值观与态度是否正确;从学生参与课堂讨论的积极性与课后联系老师询问问题情况反映学生对课程学习内容是否有正面的情感联系;从团队协作情况和小组作业完成质量判断学生知识学习的行为与成效。

(六) 教学成效和教学反思

该教学设计需要实现三个思政目标,这三个目标是内隐的,很难直接测度学生能力的达成度。但是,可以从学生课堂参与度、课堂内容讨论深度等方面反映出教学实施的效果与成效。

1. 学生课堂参与度

本次课程有两个环节需要学生深入参与课堂讨论:一是寻找并罗列身边存在的问题和抱怨,并尝试就某一个问题设计可行的解决方案;二是案例教学与讨论环节。以前面一个环节为例,各个小组热烈讨论了生活和学习中存在的问题:比如阳光长跑打卡问题、酷热天气男生想打伞但碍于面子"无法"打伞的问题、外卖被偷等切合自身实际的问题,每个组都能很好地利用组内成员的专业基础知识,提出具有创新性的解决方案。组与组之间还会进一步就解决方案实现的可能性进行辩论。

2. 课堂讨论的深度

本次课程安排 30 分钟,以小组为单元开展案例讨论,逐步引导学生回答四个问题。前面两个问题为"热身问题",目的在于一方面为整个案例讨论创造良好的氛围,另一方面复习和加深对前面知识点——创业过程模型的理解。教师以观察者身份记录学生参与小组讨论的积极性、表达观点时价值观是否正确、思路是否清晰、回答是否有创新性。

三、面向可持续发展的企业运营战略

李晓　管理学院

(一) 课程基本情况

课程名称：运营管理
课程学时：32
课程学分：2

(二) 思政育人目标

在习近平新时代中国特色社会主义思想指引下，以习近平新时代生态文明建设思想"坚持人与自然和谐共生""绿水青山就是金山银山""推动形成绿色发展方式和生活方式"为指导，讲授企业可持续发展的运营战略，弘扬"道法自然"的道家传统文化，使学生牢固树立社会主义生态文明观，同心同德建设美丽中国，开创社会主义生态文明新时代，为实现富强、民主、文明、和谐、美丽的社会主义现代化强国做出自己应有的贡献。

(三) 与专业教学内容相结合的思政育人映射与融入点

"运营管理"课程中，与专业教学内容相结合的思政育人映射与融入点如表 3-1 所示。

表 3-1　运营管理课程中的思政育人映射与融入点

专业知识、技能	思政育人映射与融入点
可持续的企业运营战略，三角底线模型	(1) 习近平新时代生态文明建设思想："坚持人与自然和谐共生，绿水青山就是金山银山，推动形成绿色发展方式和生活方式"； (2) 道家思想："道法自然"，顺应自然，不要过于刻意，"去甚，去奢，去泰"；人要以自然的态度对待自然，对待他人，对待自我，即"自然—释然—当然—怡然"

(四) 教学实施过程

本案例教学实施过程主要分为课前和课中两个阶段。如图 3-1 所示，课前实施过程首先是教师布置学习任务，学生在线学习企业可持续发展运营战略微视频，完成在线测验或作业，然后教师跟踪学生学习并及时反馈，同时收集学习问题用以调整课上教学活动。如

图 3-2 所示，课堂中的实施过程是教师从课前学习情况分析开始，包括学生平台学习参与度以及集中出现的问题和学习反馈单，然后确定课上目标要点和课上教学活动，且教学评价要一直贯穿其中。

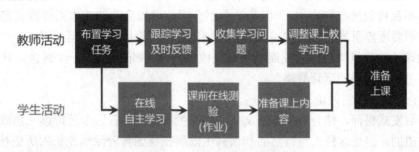

图 3-1　线上课前实施过程

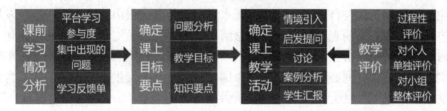

图 3-2　线下课中实施过程

(五) 教学方法和载体途径

本案例结合"运营管理"课程运营战略中的可持续发展运营战略内容，引入习近平新时代生态文明建设思想"坚持人与自然和谐共生，绿水青山就是金山银山，推动形成绿色发展方式和生活方式"，弘扬"道法自然"道家传统文化，促使学生牢固树立社会主义生态文明观、自觉践行绿色发展理念，同心同德建设美丽中国，努力开创社会主义生态文明新时代。案例按照课前、课中和课后三个阶段，采取讲授、启发式提问、讨论、情境演示、案例分析等教学方法相结合的线上线下混合式教学模式。

1. 课前

老师发布学习任务单，要求学生学习可持续发展运营战略相关理论的微视频，完成在线作业或测试，阅读"习近平新时代中国特色社会主义思想学习纲要(14)——关于新时代中国特色社会主义生态文明建设"，查阅"道法自然""无为而治""与自然和谐相处"的道家思想的相关资料。

2. 课中

(1) 情境引入。

通过"雾霾侵袭我国北方大部分地区，请大家尽量减少出门、别开窗、戴口罩"的天气预报视频以及"据医院数据统计，我国每年肺部疾病呈现一定态势的增长趋势"的新闻报道的观看，给学生形成一种情境感与视觉冲击感，激发学生学习兴趣。

(2) 启发式提问与讨论。

采取启发式提问的方式，让学生展开课堂讨论，分析雾霾产生的原因。经过一段时间的激烈讨论，再将学生的发散讨论思维逐步收拢引导到企业的排放问题上，引申出企业的社会责任，以及企业管理者的社会责任，顺势提出"利益相关者"的概念。企业不仅要考虑股东的利益，还要考虑消费者、民众、子孙后代等多方面的长远利益。

进一步启发式提问，"那么作为一个企业管理者该如何做呢？"学生可能会有很多答案，比如不乱排放废气和废水。"但是，会不会因此增加企业的成本而导致其破产呢？"这时，教师要逐步引导出：我们需要给企业制定一个可持续发展的运营战略。引导学生回顾微视频理论知识点"可持续发展三角底线模型"，即我们要制定一个经济、社会与环境三者都要可持续发展的运营战略。

(3) 生态文明观的讨论。

继续启发式提问，结合道家传统文化，使学生明白，尽管这个可持续三角底线模型是外国人提出的，但是这种人与自然的和谐共生发展在我国有着源远流长的历史基础，也就是生态文明观。然后，引导学生讨论我国 5000 年的生态文明，从道家的道法自然，再到习近平主席的"坚持人与自然和谐共生，绿水青山就是金山银山，推动形成绿色发展方式和生活方式"的生态文明观。之后，教师总结，鼓励并要求学生弘扬中国传统文化，在习近平新时代中国特色社会主义思想指引下，以习近平新时代生态文明观为指导，牢固树立社会主义生态文明观、同心同德建设美丽中国，开创社会主义生态文明新时代，为实现富强民主文明和谐美丽的社会主义现代化强国做出自己的贡献。

(4) 案例分析。

视频演示"北京水泥厂的低碳运营模式"案例以及"杭州汽轮机股份公司的低温余热发电整合"解决方案，这些都是企业可持续发展的运营创新模式。要求学生用课前网络平台所学的理论知识分析案例，并用思维导图进行梳理与汇报展示，潜移默化中使学生主动承担起"积极推动形成绿色发展方式和生活方式"的责任，用所学知识和技能为我国制造企业创新可持续发展运营模式贡献力量，敢于承担起中华民族伟大复兴历史重任的时代担当。

3. 课后

以小组项目任务的形式，鼓励学有余力的学生研究"数字经济环境下可持续发展运营战略创新模式"的课题，并参与网络平台"我国制造企业如何在数字经济环境下实现可持续发展创新相关问题"的探讨，为实现富强民主文明和谐美丽的社会主义现代化强国贡献自己的力量。

(六) 教学成效和教学反思

通过本课程思政教学案例的学习，学生们对于可持续运营战略的内涵、模式及创新与习近平新时代生态文明观的相关性有了深层次的认识。据课上投票统计，100%的学生认为在经济发展的同时，要考虑到社会与环境的协同性，要坚持人与自然和谐共生，"绿水青山就是金山银山"，推动形成绿色发展方式和生活方式。经调查显示，平行班非课程思政讲授同样知识点后，只有58%的同学认为应该考虑可持续发展，另外42%的同学认为考虑如何提升企业经济效益才是最重要的。

道家用"道"来探究自然、社会、人生之间的关系，提倡道法自然，顺应自然，不要过于刻意，"去甚，去奢，去泰"；人要以自然的态度对待自然，对待他人，对待自我，即"自然—释然—当然—怡然"。学生一致认为这些问题的探讨有助于他们培养民族自信,弘扬中国传统文化,深入理解运营管理内涵中效率、效益、价值及高资源生产力等概念,进一步理解习近平中国特色社会主义新时代生态文明建设的核心价值,理解生态文明建设是关系中华民族永续发展的根本大计。

北京水泥厂和杭州汽轮机公司的案例分析与汇报展示成果,显示了学生们深刻理解我国制造企业向持续发展转型的迫切性与可行性,他们纷纷表示有志于投身到国家实体经济的发展中去,投身到我国制造企业的可持续发展的转型升级中去,为实现富强、民主、文明、和谐、美丽的社会主义现代化强国做出自己应有的贡献。

四、数字孪生车间

——一种未来车间运行的新模式

崔剑　管理学院

(一) 课程基本情况

课程名称：工厂组织
课程学时：32
课程学分：2

(二) 思政育人目标

"工厂组织"是一门专业选修课，课程内容与我国制造业的发展息息相关。本案例结合"工厂组织"课程中的"生产系统"的内容，具体以"数字孪生车间——一种未来车间运行的新模式"的知识点进行讲解。结合本案例的特色和思政切入点，实现如下思政育人目标：

(1) 以社会主义制造业核心价值观为引领，帮助学生树立正确的世界观、人生观和价值观，使学生具有提出问题、分析问题和解决问题的工业工程能力。

(2) 在中国制造 2025 规划目标的指导下，提出未来车间发展的新模式，激发学生的自主学习能力和创造力。

(3) 引导学生理解人文、思想、社会与科学的紧密相关性。通过数字孪生车间的讲解，实现车间物理世界和信息世界的和谐共生。通过哲学理念和人文兴趣的相通性，开拓学生的思维方式，加深理解物理世界和信息世界的融合，从而全面提升学生的思维认知水平，提高学生思辨能力、逻辑能力和抽象能力。

(4) 引导学生从创新的视角发现问题，攻克难关，解决问题。

(5) 培养学生运用工业工程方法和理论解决社会工业企业的问题。

(三) 与专业教学内容相结合的思政育人映射与融入点

"工厂组织"课程中，与专业教学内容相结合的思政育人映射与融入点如表 4-1 所示。

表 4-1　工厂组织课程的思政育人映射与融入点

专业知识、技能	思政育人映射与融入点
"生产系统"中数字孪生车间——一种未来车间运行的新模式： (1) 工业企业生产系统的特点、组成元素和系统模型； (2) 工业企业生产系统的类型和各种生产系统的软件介绍； (3) 介绍数字孪生车间的内涵、系统组成、特点和关键技术； (4) 案例应用：银川小巨人公司的数控机床数字孪生车间的运行情况； (5) 学生结合具体的生产系统数据，运用 Flexsim 系统进行仿真	采用案例：数字孪生车间——一种未来车间运行的新模式。 数字孪生车间(Digital Twin Workshop, DTW) 是在新一代信息技术和制造技术驱动下，通过物理车间与虚拟车间的双向真实映射与实时交互，实现物理车间、虚拟车间、车间服务系统的全要素、全流程、全业务数据的集成和融合。通过数据的驱动，实现车间生产要素管理、生产活动计划、生产过程控制等在数字化车间的迭代运行，从而在满足特定目标和约束的前提下，达到车间生产和管控最优的一种车间运行新模式。 在这个案例中，思政育人映射渗透到数据孪生车间，具体的融入点如下： (1) 制造业可持续发展：一种未来车间运行的新模式在工业企业中的运用是我国制造业的可持续性发展的体现； (2) 顺应中国制造 2025 战略指导：符合我国制造业发展国情，对实现工业 4.0、工业互联网、基于 CPS 的制造、中国制造 2025、互联网+制造、云制造、面向服务的制造等先进制造模式和战略具有重大的潜在推动作用； (3) 社会创新和政治创新：制造业物理世界和信息世界的交互和共融是一种社会创新，同时也是我们国家制造发展战略上的政治创新； (4) 勇于实践、崇尚科学研究的精神：在"中国制造"向"中国创造"转变的历史时期，中国制造 2025 需要科学研究精神。通过案例分析，加深学生对专业知识的理解，掌握科学的思维方法，起到融入人文教育，弘扬科学精神的作用； (5) 实现物理世界和信息世界和谐统一：运用信息技术将车间物理世界和信息世界进行融合

(四) 教学实施过程

教学的实施过程是一个多元素融合式教学与多学科碰撞式教学的结合：一方面在教学元素方面，既融入了专业知识又融入了思政育人理念；另一方面在"工厂组织"这门课中融入了人文、思想、社会与科学等不同领域的学科知识，将知识点进行学科领域的交叉拓展。在教学实施过程中，采用"知识点讲授+案例引入+综合性评价"的模式，如图 4-1

所示。在教学思政案例设计中，以银川小巨人公司为例进行理论实践结合，如图 4-2 所示。

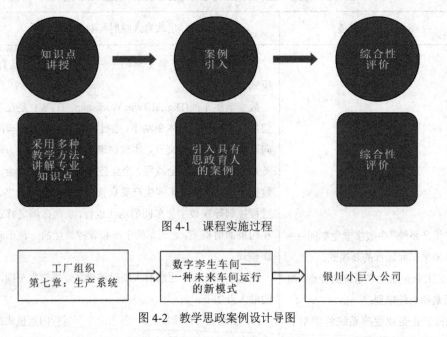

图 4-1　课程实施过程

图 4-2　教学思政案例设计导图

1. 知识点讲授

教师以讲授和深化引导的方式将产品创造开发的相关知识点传授给同学，依据教学内容提出问题。学生采用开放式讨论的方法去分析问题，寻求最佳的解决方案，并以此提高学生分析问题、解决问题的能力，诱发学生的创造潜能。本课程的知识点主要包括以下几点：

(1) "工厂组织"课程的"生产系统"主要讲解了工业企业生产系统的特点、组成元素和系统模型；工业企业生产系统的类型和各种生产系统的软件介绍。

(2) 数字孪生车间。讲解数字孪生车间的内涵、系统组成、特点和关键技术。

(3) 为了让学生从实例中了解数字孪生车间这种车间新模式所带来的社会意义和价值，同时增强学生的民族骄傲感和民族自豪感，以银川小巨人公司数控机床生产车间为例，进行教学讲解。

通过图片和视频(教师亲身到企业参观、学习中所拍摄)，让学生了解数控机床由物理车间(Physical Workshop)、虚拟车间(Cyber Workshop)、车间服务系统(Workshop Service System，WSS)、车间孪生数据(Workshop Digital Twin Data)四部分组成。通过物理车间与虚拟车间的双向真实映射与实时交互，实现物理车间、虚拟车间、车间服务系统的全要素、全流程、全业务数据的集成和融合，在车间孪生数据的驱动下，实现车间生产要素管理、生产活动计划、生产过程控制等在物理车间、虚拟车间、车间服务系统间的运行。采用迭代优化方法，分析数字孪生车间系统的运行机制，运用 Flexsim 软件，通过模拟仿真，特定目标、参数设置、条件约束等设计，实现数控车间物流世界和信息世界的融合，并通过车间信息世界的多次优化和修正，完善物理世界的现场运行和实施，实现车间生产和管控的最优化，如图 4-3 所示。

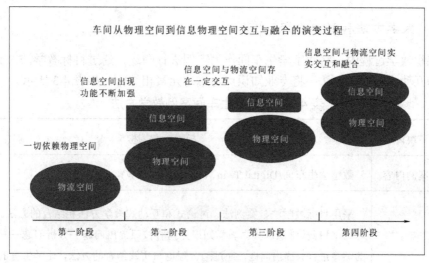

图 4-3　数字孪生车间介绍

2. 案例引入

选取体现思政育人理念的案例，并将"小巨人机床有限公司"案例引入到教学中来。通过案例教学和教学思政的融合，让每个学生都贡献自己的思考，带着案例所展现的思政情感，参与到讨论中来。一方面从教师的引导中增进对数字孪生车间知识点的再次学习，并提高工业工程理念解决问题的能力。另一方面也从案例的思政感悟中强烈激发学习热情和研究热情，提升学生的民族制造自豪感，进而提高学生的实践应用能力，如图 4-4 所示。

图 4-4　数字孪生车间案例思政化教育意义

课堂教学中采用多种形式进行讨论，如表 4-2 所示。

表 4-2　课堂讨论形式

讨论形式	讨 论 内 容	讨 论 媒 介
分享式讨论	数字孪生车间内涵、概念、特点、系统组成、运行机制和关键技术进行分享讨论式讲解	多媒体教学、图片、视频，现场展示
集中式讨论	集中讨论小巨人公司实行数字孪生车间的需求和必要性	查找资料、辩论、预测、验证
小组内讨论	分小组讨论小巨人公司实施这种新模式的前提准备、运营过程、实施成效和评价体制	查找资料、辩论、预测、验证，虚拟仿真
小组间讨论	不同组之间进行上、下流程衔接时的讨论，以保证不同活动的高效性衔接	查找资料、辩论、预测、验证，虚拟仿真

(五) 教学方法和载体途径

在课程教学过程中，将数字孪生车间作为案例进行阐述，通过目标教学法、案例法、讨论式和互动式的教学方法，将专业知识点与思政元素相结合，如表 4-3 所示。

表 4-3　数字孪生车间案例教学方法

序号	模块内容	模　块　描　述
1	案例内容	数字孪生车间(Digital Twin Workshop，DTW)
2	教学方法	采用目标教学法、案例法、讨论式和互动式教学方法相结合的方法。 ① 目标教学法。根据教学知识点内容按照提出问题—分析问题—解决问题的顺序进行。提出问题，通过融合理论与实践结合的方法，让学生有的放矢去学习、思考讨论、训练，寻求得到解决问题的良好方法，以此提高学生分析问题、解决问题的能力。让学生参与讨论和思考，去诱发学生的创造潜能。 ② 案例教学法。选取体现思政育人理念的案例，并将案例引入到教学中来。 ③ 讨论式教学。采用集中式讨论和分享式讨论方式，在小组间进行理论分析和应用，加深对知识点和案例的探讨。通过不同形式讨论，更容易吸收和消化知识。 ④ 互动式教学。通过互动式教学，使教师摆脱只凭经验和感觉而在实践中从头摸索进行教学的现状，通过教师与学生的沟通互动，进而激发学习者的兴趣和投入度
3	教学模式	本案例的教学模式采用"讲授引导 + 讨论 + 评价"模式进行。 ① 教师以讲授和引导的方式按照提出问题—分析问题—解决问题的顺序将专业知识点传授给学生，并将代表中国制造业创新发展思路和方案的新模式——数字孪生车间的案例切入到课程中，以此案例激发学生的国家使命和创新热情。 ② 在课堂讨论过程中，采用开放式讨论和探究式谈论相结合的形式。 ③ 教师以综合性评价，即学生自评和互评的形式完成案例点评环节，以此让学生更好地吸收和拓展专业知识，提升学生的深度学习能力
4	信息化载体	多媒体载体：图片展示、PPT 展示； 网络教育载体：网站搜索、视频播放以及相关访谈录； 模拟仿真载体：采用 VR 技术，走进"数字孪生车间"
5	参观体验	在教师讲授和引导式教学基础上，学生以个人为单位，自主查询、收集相关制造模式的数据和信息，进行报告设计和撰写，最后以 PPT 形式进行汇报

(六) 教学成效和教学反思

1. 教学成效

(1) 课程思政化实现了理论教学的价值引领。在理论教学中，教师发任务、析案例、深答疑，学生自主学、共探究，以此明确我国制造系统发展的新方向，使我国由"制造大国"向"制造强国"转变。

(2) 深化理实一体化教学的素能培育。在理实一体化教学中，教师创情境、学生搜案例、做报告、互评价、精改进，提高了学生的自主学习能力和深度学习能力，提升了学生的专业知识技能水平、职业素养和工匠精神。

(3) 在案例开展过程中，同学们以个人为单位自主收集相关资料，以"专业知识点 + 爱国故事"形式进行课堂开放式讨论和展示。特别是讲到中国制造 2025，互联网+制造等制造发展战略时，同学们激情澎湃，坚定了为祖国的未来发展而努力学习的决心。

表 4-4 为思政课堂与传统课堂的对比分析。

表 4-4　思政课堂与传统课堂的对比分析

	思政课堂教学	传统课堂教学
学生参与度	融入了更多的思政理念，使得课堂生动、现实并具有社会意义和政治意义。100%学生都愿意参与到课堂的教学中	以往的传统课堂乏味、陈旧，部分同学不愿意参与到讨论中来
学生愉悦度	思政教育有与专业知识的融合，提升了学生的自信心和满足感	学生对专业知识的学习不感兴趣，只是学会与学不会，没有任何的感情投入
学生把握度	通过全部同学的讨论和自主查找案例、分析数据，使同学对数字孪生车间的相关知识点的把握度得到有效提高	大部分同学只是完成学习任务，完成作业，知识把握度仅限于记忆
学生领略度	以多元的形式开展教学，提升了学生的知识领略度	学生学习停留在表面，对知识的领略度很低
学生激活度	不同国家制造系统的对比，激发了学生的国家使命感和责任感，高度激活了学生深度学习的能力	课堂教学不能激发学生的任何情感和活力
学生满意度	通过学生对知识的学习和关联性分析，增强了学生的信心，提高了学生的自我满意度	传统的教学中，学生只有"学"的过程，没有感受到以学生为课堂中心的自信，因此对自己学到的知识没有成就感和满意感

2. 教学反思

课程思政教学由老师"讲"转变为学生的主动"学",不仅丰富了教学内容和教学形式,而且生动、形象、具体地展示了课程的教学过程,大大提高了学生的自主学习能力和深度学习能力,同时也让学生进一步明确了学习的目标和目的,但仍有一些方面有待于改进:

(1) 课程思政融、切入度有待提高。课程教学重知识传授、能力培养,轻价值引领,对课程思政元素的挖掘程度还不够深入、不够全面,还有待挖掘更多的思政教学案例,并用案例的形式使课程更生动形象。其次,课程在教学设计、授课技巧等方面与课程思政的切入点融合还不够衔接,在后期的教学中,应尽可能地使切入点更流畅、自然。

(2) 多元化的教学思政资源由有待完善。目前,本课程的教学思政资源基本由视频、图品的形式展示,缺乏实物的接触和实践。未来将更加合理化和完善化教学资源,尽可能提供学生能够参与的教学资源,通过教学实践完善课程的教学思政建设。

(3) 团队教师育人能力有待提升。团队教师思政水平还需提高。① 提高教师团队的育人意识。充分利用专项培训、教研活动等多种方式加强师德师风建设,加强育人内容的学习。通过转变观念,主动提升育人能力,让教师认识到既要当好"经师",更要做好"人师"。② 提高教师团队的思想政治理论水平。通过培训,使教师掌握马克思主义理论科学的世界观和方法论,确保专业课程从思想政治教育的高度把好方向、把牢大局。③ 提高教师团队的教学技巧。吸纳思政教师、辅导员到专业课程建设团队中,协助专业教师梳理课程思政元素。

五、从温暖云咖啡理解社会营销观念

高海霞   管理学院

(一) 课程基本情况

课程名称：市场营销学
课程学时：32
课程学分：2

(二) 思政育人目标

利用社会营销观念这个知识点，和学生一起探究营销观念在出发点、实施手段和目的等方面的历史演进，分析其进步意义和弊端，用历史唯物主义方法让学生做出自己的价值判断。使学生树立正确的世界观、价值观、人生观，把个人前途与国家命运联系起来。

(三) 与专业教学内容相结合的思政育人映射与融入点

"市场营销学"课程中，与专业教学内容相结合的思政育人映射与融入点如表 5-1 所示。

表 5-1   市场营销学课程的思政育人映射与融入点

专业知识、技能	思政育人映射与融入点
营销观念的演变之社会营销观念： 　　社会责任营销是企业在承担一定的社会责任(如新冠疫情期间，一些企业捐款捐物，有的企业低价供应生活物资，大型商务楼宇、商场、市场运营方减免中小微企业租户疫情期间租金等)的同时，借助新闻舆论影响和广告宣传，来改善企业的声誉，提高企业形象的层次，提升其品牌知名度和忠诚度，最终增加销售额的营销形式	通过"武汉云咖啡"故事引发学生思考： 　　认识到在企业的市场营销活动中，引入社会利益因素，要求企业所有的生产经营活动都应考虑社会发展的利益，而不能单纯考虑企业的赢利，这一营销观念是社会进步的必然结果，是保证整个社会可持续发展的基本要求。在市场营销实践中，很多企业结合自身的经营特点，以不同的形式承担起社会责任，并因此获得了社会公众的广泛支持，创造了良好的市场氛围

(四) 教学实施过程

教学实施过程如表 5-2 所示。

表 5-2　教学实施过程

	主要教学步骤	教师活动	学生活动	时长分配分(分)
教学步骤设计	巩固已学知识：营销观念的演变	测试	回答	5
	引入实例：武汉云咖啡 思考：武汉云咖啡的行为有哪些？为什么？(不同时代/不同条件下，情况不同)引入社会营销观念	提问	讨论回答	15
	新课教学：通过案例的提问、回答，讲解分析社会营销观念及其演变	讲解	听讲记笔记	20
	思考：产品质量好就一定能卖出去吗？社会营销观念的重要性体现在哪些方面？	提问	回答	5
	社会营销观念是在怎样的背景下产生的？	讲解	听讲	5
	企业各种营销观念的比较。社会营销观念的具体阶段与内容有哪些？	典型案例剖析	听讲	10
	营销观念新发展有哪些？企业为何要树立社会营销观念？举例说明。	引导辩论	小组辩论	25
	课堂点评和小结	点评和总结	听讲	5
讨论练习作业安排	(1) 从社会营销观念角度分析，品牌如何搭建自己的信任体系？ (2) 现代企业如何通过新媒体营销树立品牌形象？			
教具准备	多媒体设备、粉笔			
拓展教学参考资料	延伸思考：社会责任、商业伦理、法律法规之间的关系是怎样的？对营销近视症进行评价			

（五）教学方法和载体途径

营销观念指企业从事市场营销活动及管理过程的指导思想，也就是企业在开展市场营销活动的过程中，如何处理企业、消费者和社会三方利益所持的态度。营销观念的发展经历了从生产观念发展到产品观念、推销观念到今天的市场营销观念和社会营销观念的过程。营销学之父菲利普·科特勒(Philip Kotler)在他 2005 年出版的一本新书中将营销的边界从商界扩大到了一个新的责任领域。此时的营销超越了非盈利市场和社会营销，他把这种营销称为"社会责任营销"。"企业社会责任(CSR)"最早由西方学者欧利文·谢尔顿(Oliver Sheldon)提出，并一直受到各界广泛关注，其概念和内涵也在不断扩充。企业方从被动的将企业责任纳入合规经营范围转向主动思考关于企业社会责任的管理。由科特勒咨询集团主办、营创学院协办的 2019 科特勒未来营销峰会上，菲利普·科特勒在现场发表了震撼演讲《营销的未来》，再一次提到营销和社会的关系。

管理大师们显然早就意识到企业社会责任对竞争优势的战略意义。迈克尔·波特(Michael Porter)2006 年 12 月在《哈佛商业评论》发表文章指出："如果公司能够用他们选择核心业务那样的方法和框架来分析企业社会责任的机会，他们就会发现，企业社会责任其实并不简单意味着成本、约束，或者是慈善活动的需要，而是企业实现创新和提高竞争优势的潜在机会……这样的思维在未来的竞争中将是决定成败的因素。"社会责任营销的核心就是信任营销，社会责任营销的目的，其实质就是与客户建立信任的纽带，取得客户的信赖，最终得到"基业长青"的回报，达到企业和社会的"多赢"目的。

为了让学生理解什么是社会营销观念、社会责任营销以及社会营销观念的重要性，本讲主要选择了新冠疫情发生以后出现的一个咖啡品牌"Wacanda 咖啡"。这是一个在武汉刚刚成立一年多的咖啡品牌。在疫情蔓延武汉期间，它成为这座城市里唯一还在运营的咖啡馆。从武汉关闭离汉通道后的第三天起，他们已经为一线的医护人员免费送去了 7850 杯"武汉拿铁"。随着媒体的报道，这支团队渐渐被大众所知晓，众多网友在社交媒体上为他们点赞。2020 年 2 月 9 日，Wacanda 团队送咖啡的第 15 天，一篇在咖啡垂直行业媒体公众号上发布的文章，将这家低调的咖啡馆带到公众面前，文章迅速被转载，阅读量一夜破十万。有人说这是"普通人的守望相助"，有人说他们是"城市的守护者"，更有许多网友表示"待到江城繁花似锦，一定打卡 Wacanda。"

此外，疫情期间，还有很多知名品牌承担了社会责任，例如，盒马线上线下同时发力，一方面坚持线下门店保障供应，做好门店消毒、体温监测等防疫工作，拓展到店自提、社区团购等消费场景，引导顾客有序理智采购；另一方面联合多家企业试水"共享员工"迅速补充线上运力，预包装菜、半成品等高需求商品提前批量制备。京东 7FRESH 也发布"人才共享计划"，面向全国招募"临时员工"，诚邀临时歇业的员工，在此期间以短期打工的方式加盟，并提供收银、理货、拣货打包、客服等多种岗位选择。

通过这些实例引发学生思考，并通过所布置的作业"企业为何要树立社会营销观念及举例说明"让学生学会举一反三。

延伸思考：社会责任、商业伦理、法律法规之间的关系应该是怎样的？

伦理是个人的行为准则，商业伦理是管理人员必须关注的重大问题。每个人都活在关系和伦理当中，作为企业也不例外，这是构成商业伦理的基本点。在伦理学中，社会责任是其中极其重要的一项内容。社会责任是建立在法律法规基础之上的。商业伦理是营商环境的一部分。疫情之下很多企业损失惨重，需要切实地解决企业面临的实际困难，更需要营造创业者敢创业、能创业的环境，其中社会文化氛围很重要，甚至比减税降费还重要。

阿奇·卡罗尔(Archie Carroll)在 20 世纪 80 年代提出企业社会责任金字塔模型(如图 5-1所示)，该模型将企业社会责任划分为不同层次的 4 个维度，由下往上依次为：经济责任(Economic Responsibilities)、法律责任(Legal Responsibilities)、伦理责任(Ethical Responsibilities)和慈善责任(Discretionary Responsibilities)。疫情期间，许多企业都积极行动，承担社会责任。

图 5-1 企业社会责任金字塔

本课程的考核立足全过程，采取多角度、多方位的考核。学生总评成绩由平时成绩和期末营销策划报告组成，平时成绩占总成绩的 60%，期末营销策划报告占成绩的 40%；其中，平时成绩由考勤(10%)、线上线下学习和讨论(30%)、作业(20%)三部分的成绩构成。本节内容的作业计入平时成绩一部分。采用的教学方法主要包括案例讲授、视频案例教学、小组讨论与辩论等。

(六) 教学成效和教学反思

在第一轮的教学中，通过案例引导议题和任务导向，把更多的时间交给学生，激发了学生的学习热情。小组讨论与辩论和教师点评时，鼓励学生提出不同的观点，在争论中激发学生的创新思维。从学生的作业完成情况来看(如图 5-2 和图 5-3 所示)，大家对社会营销观念都有了很深入的理解，利用社会营销观念这个知识点，学生做出了自己的价值判断。多难兴邦，在疫情来临时，中国人民万众一心，一方有难八方支援，正如总书记所说，"人民有信仰，国家有力量，民族有希望。"

学生答案：

企业为何树立社会营销观念？

答：首先这是一种社会责任，企业与公共社会并不是伙伴关系，相反，企业的利益必须服从于和服务于社会的利益。其次，树立正确的社会营销观念目的是确定目标市场的实际需要，争取做到比竞争者更加体贴的想到消费者的需求，更有效地使消费者满意，同时维护和增进消费者和社会福利。作为一个企业，不仅要对自己的员工负责，还要对股东负责，树立社会营销观念，进行一定的社会营销活动也可看做是一种投资。短期内可能会消耗一定人力物力财力而得不到很好的回报，但从长远来讲，社会投资改善了企业的生存环境和社会环境，提高了品牌的知名度，吸引了大量优秀人才进而使企业自身受益。并且最终所得到的受益远远高于先前的投资。并且大多数研究就表明企业的社会参与度和营销业绩成正相关关系。试问，在国家有难而慷慨捐助物资的企业怎么会不受人爱戴？不吸引消费者？企业在帮助了别人的同时，也变相给自己打了广告，提高了自身的知名度。

举例？

答：我认为海底捞火锅就是一个很好的例子。海底捞已经以他独特的贴心化服务吸引了众多消费者，但在这次疫情期间，海底捞劳老板在社交媒体上发布了自己教大家做西红柿鸡蛋面的视频并打动了无数海底捞员工和消费者，让人感叹老板的体贴和真诚，让人感动。

"没有人关心海底捞老板是谁。每个人选择海底捞，一定是因为他接触到的服务员，店里的食物和环境。""你们才是真正的海底捞的英雄！"短短几句话，海底捞"把员工当作家人"的企业文化展露无遗。简单的几句话体现出对员工的体贴，关爱了员工的同时，也让更多人对海底捞增加一份好感，增加了口碑，实现了双赢。

学生答案：

①、道德规范：企业做出的事情如果符合社会规范或者进行一些社会营销活动不仅会让顾客的好感度大大上升而且还会吸引大批优秀人才前来应聘，相应的，企业内部员工也会因为如此优秀的一个集团感到荣幸，而付出更多精力。

例：海底捞张大哥的"番茄鸡蛋面"视频走红；wakanda咖啡的"云温暖"以及网友的云下单；华为手机让人们相信了国牌

②、环境：随着社会发展，许多问题逐渐暴露并发展严重，社会要考虑消费者需要，还要考虑社会的长远利益；并且现在大多数企业都能做到高品质，低成本，问题是怎么吸引顾客来购买，在市场竞争中取得优胜。

例：家具产品中顾客更看重环保材料，宜家在众多商家中脱颖而出。

③、法律：既然是企业，就要干合理合法的事情，法律是道德的底线。

例：三鹿奶粉，因奶粉中超标的三氯氰胺让无数婴儿受到肾结石的毒害而失去了顾客的信任，淡出市场。

④、公众：对于企业来说，客户是非常重要的，要俘获大众的心才能保证销量。这一点又融于以上三点中，例子详见其上。

图 5-2 部分学生作业截图一

学生答案：

社会营销观念要求企业不仅要满足消费者的需要，更要符合消费者和社会的长远利益。我们经常潜在的认为企业、消费者和社会利益之间存在一定的冲突，发布社会福利看似是不利于企业盈利的行为，但从长远来看，履行社会责任的企业，其知名度和品牌影响力可能大幅度提升。企业的信誉和文化是企业成功的巨大精神力量，兼顾经济效益和社会效益，更有利于企业的可持续发展。

1. 树立社会营销观念有利于吸引顾客，让顾客产生心理认同感。在消费时选择和自己价值观相同的企业产品。我认为履行社会责任类似于在营销中"打感情牌"，顾客在消费时更愿意选择有人情味的品牌和企业，对于愿意舍弃利益贡献社会的企业更是会产生信任和好感。认为他们他们对社会负责，更能对顾客和产品负责，自然更加值得信赖。如面对疫情这一突发事件，马云以阿里巴巴名义第一次捐款10个亿，后个人又捐款1个亿，最近又为钟南山院士团队捐赠2000万进行疫苗研发；王健林实施万达减租政策，为缓解疫情期间店铺无盈利的困境。知名企业家们都在重大灾难面前贡献自己的力量，而灾难过去的时候，就是他们的行为收获回报的时候。

2. 树立社会营销观念有利于在产品类似的情况下形成竞争优势。现如今各个行业竞争激烈，由于技术进步，产品本身的差距在逐渐缩小，因此企业的品牌树立对于营销更加重要。适度进行社会营销，让消费者记住这个企业和品牌，是在同行中脱颖而出的必要手段。例如支付宝的"蚂蚁森林"，通过攒能量，为用户提供种树保护环境的机会，让许多人每天都打开支付宝，也使用支付宝支付。极大增加了用户粘性，基本形成了行业中的一家独大现象。

3. 树立社会营销观念，向社会传播企业文化，让企业员工感到自豪。企业文化中包含社会营销观念，会潜移默化的影响企业员工，将这种观念带入营销工作和生活中，并向顾客传达。顾客对企业的认可增强了企业的信心，这也是一个相互促进的过程。带有这种观念的企业，对员工也会给予关怀和优待，让员工心甘情愿的努力工作，忠诚忠心，打造强大的合作团队。并且企业作为影响力较大的社会团体，担负社会责任能够切实为社会做贡献，而因此受到过服务的顾客，也会成为该企业潜在的消费者。

举一个相反的例子，三鹿奶粉在出现三氯氰胺事件时，三鹿集团的负责人却把责任推给奶农、奶霸。作为此次食品安全事故的第一责任人，消费者看到的只有企业在想尽办法推卸责任，这不能不让消费者感到愤怒，也导向一个品牌形象的彻底垮塌。

因此企业履行社会责任并不意味着白白付出，相反是极具商业价值的，长远看来，是利于社会也利于企业自身的行为

图 5-3　部分学生作业截图二

在教学过程中，通过 ARCS 动机模型，发现还有以下问题需要进一步思考。

A(注意)：课前同学观看 PPT 速课、视频、案例等，对上课内容有了初步了解。在课堂上，通过发生在身边的实例，很好地吸引了学生对营销的注意力和兴趣，将来要维持学生的学习兴趣和热情，还需要不断地变化课件、案例、教学方法等，激发学生的好奇心和探究欲。

R(关联)：课堂结合实际生活中的实例，让学生深入理解社会营销概念及其重要性，未来教学还要不断挖掘不同学科和专业学生的个性化需求，通过情景模拟和角色扮演等，让学生更好地参与其中，理解新知识。课堂举例或者选取案例还是要选择学生熟悉的品牌，效果会更好。

C(信心)：明确学习要求，设计课前任务时，难度有梯度，通过层层递进，理论联系实际，让学生逐渐培养信心挑战自己、挑战老师。未来教学还需要设计出有难度又能解答的挑战性任务或问题，不断增强学生信心和对成功的渴望。

S(满意)：根据课前任务完成的反馈情况，通过小组讨论和学生上课辩论等形式，鼓励学生自己归纳提炼营销的精髓。今后还需制定精准的评价标准，通过积极的结果反馈和表扬，激发学生的内在学习动机。

六、从劳动法看 996、007

黄鹤　管理学院

(一) 课程基本情况

课程名称：劳动关系与劳动政策
课程学时：32
课程学分：2

(二) 思政育人目标

掌握工时制度与休息休假制度的相关法规；培养劳动者实现体面劳动、全面发展的意识；树立保护劳动者合法权益的职业准则；坚守为人民谋幸福的初心和使命，为实现更高质量和更充分就业做出自己的贡献。

(三) 与专业教学内容相结合的思政育人映射与融入点

"劳动关系与劳动政策"课程中，与专业教学内容相结合的思政育人映射与融入点如表 6-1 所示。

表 6-1　劳动关系与劳动政策课程的思政育人映射与融入点

专业知识、技能	思政育人映射与融入点
工作时间与休息休假	1. 保护劳动者的合法权益； 2. 让劳动者实现体面劳动、全面发展； 3. 为人民谋幸福

(四) 教学实施过程

本案例结合"劳动关系与劳动政策"中"工时制度和休息休假制度"等劳动基准法内容，引入新冠疫情的特定情景，从工时制度、休假制度、工资发放、加班工资等多角度进行分析，培养学生牢固树立为人民谋幸福的初心和使命，要求学生在今后工作中体现劳动法的立法宗旨，为实现更高质量和更充分就业做贡献。

1. 采用线上线下相融合的混合式案例教学

本课程选取中国大学 MOOC 上的国家精品课程进行 SPOC 教学。本案例的具体实施过程如图 6-1 所示。

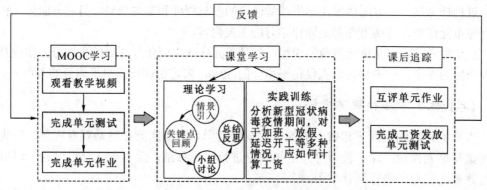
图 6-1 混合式案例教学实施过程

课前：教师发布学习任务单，要求学生学习中国大学 MOOC 上的相关视频与劳动基准法中有关工时制度、休息休假制度和工资发放等的相关法规，完成单元测验 2 和单元作业 2。单元测验 2 为 10 道客观题(题库随机抽取)。单元作业 2 的题目为：请依据本讲主要内容，分析新冠疫情期间，对于加班、放假、延迟开工等多种情况，应如何计算工资？

课中：

(1) 情景引入。新冠疫情爆发后，劳动者的工作方式发生变化。996 向 007 转变、"停课不停教，停课不停学"等情景的介绍，使学生产生了强烈的情景感和体验感。

(2) 关键点回顾。针对疫情下工作与休息中涉及的关键知识点进行回顾，标准工时制度与非标准工时制度、休息休假制度、加班工资计算标准等，使学生掌握劳动法中劳动标准的核心内容。在法律法规的学习中，学生体会到让劳动者实现体面劳动、全面发展是实现更高质量和更充分就业的要求。

(3) 讨论与互动。要求学生结合单元作业 2，以小组为单位进行讨论。讨论主题为：① 疫情期间，劳动者类型如何划分；② 疫情期间，假期性质如何划分；③ 针对不同类型的劳动者，不同时段的工资应如何发放；④ 作为企业的人力资源管理从业者，在疫情中要思考哪些问题？在讨论过程中，引导学生理解劳动法立法宗旨。对问题②、③讨论时，突出保护劳动者的合法权益；对问题④进行讨论时，引导学生换位思考工资发放方案给企业带来的影响，适时加入国务院、各地方政府(尤其浙江省、杭州市)的惠企措施，使学生领悟就业是最大的民生工程、民心工程、根基工程。

(4) 总结与反思。疫情期间，劳动者可以划分为四种类型：① 坚守工作岗位的；② 因各种原因外出隔离的；③ 待在家里就是做贡献的；④ 居家办公的。疫情期按时间划分为春节假期、休息日串休、延长假期、延迟复工、有序复工五个阶段。当上述分类完成，疫情期间工资发放标准就清晰明朗了。在此基础上，进一步引导学生思考一个问题：疫情期的加班需要受人员、时长等条件限制吗？

课后：教师从两方面对学生学习情况进行追踪。一是单元作业 2 的互评，通过自评和他评的评语可以判断学生的学习体会。二是在工资发放章节进行单元测验，进一步检验学习效果。

2. 考核方式

本课程采用过程性考核与结果性考核相结合的方式。

过程性考核：一方面体现在学生课堂讨论的参与程度和参与效果，另一方面体现在学生互评单元作业，这两方面都是同伴学习的主要内容。

结果性考核：一是单元测验的成绩；二是单元作业2同伴互评后的平均分，作业互评最少个数为5个，如未评价他人仅得平均分的30%，未足份评价仅得平均分的60%。

(五) 教学方法和载体途径

本案例采用线上线下相融合的混合式案例教学。学生课前在网站观看视频，完成单元测试与单元作业；课中教师对关键知识点进行回顾总结，学生进行分组讨论；课后学生互评单元作业，进行同伴学习。

案例教学是"劳动关系与劳动政策"这门课主要的教学方法。对劳动争议领域的案例进行分析，首先，要分析发现案例的本质，这里的本质就是标的。通过案情介绍，我们能总结出这是一起关于什么的劳动争议。其次，找到争议的焦点，也就是为什么会出现这个争议，发生标的事件的缘由往往就是争议的焦点。再次，依据焦点寻找法理，分析双方当事人的行为与法规是否一致。最后，总结双方当事人行为带来的结果，得出结论与诉求。

在本次课程中，我们选取了特定时期、特定情景下工作与休息的案例，案例的标的是工作时间与休息休假，争议的焦点是加班工资的发放，法律依据是我国关于工作时间和休息休假、工资发放的相关规定，最后得出结论。本案例加深了学生对我国劳动法中工作时间、休息休假的理解与认识。

(六) 教学成效和教学反思

从课后反馈来看，学生对"就业是最大的民生工程、民心工程、根基工程，让劳动者实现体面劳动、全面发展，以及保护劳动者的合法权益"有了全新的认识。基于现实，采用自主学习、同伴学习的方式进行课程思政，增强学生的情景感和带入感，帮助学生树立正确的职业价值观和使命感。

在讨论过程中，同学们从劳动者、企业、政府三方视角进行讨论。有的同学提出劳动者必须得到应有保障，有的同学从企业角度提出工资发放成本过高，有的同学提出政府应承担的责任。由此可见，学生们的视角多样，思维方式活跃。本案例有助于培养学生换位思考和辩证思考的能力。同时，在政府作为的讨论中，引入本案例的思政点效果更好。

七、"黑天鹅"来袭下，企业的社会责任与担当

闫帅 管理学院

(一) 课程基本情况

课程名称：商业模式管理
课程学时：32
课程学分：2

(二) 思政育人目标

面对当下疫情这只突然落下的"黑天鹅"(不确定事件)，引导学生正确认知发挥企业社会责任的重要力量，创新商业模式，协力抗击疫情。通过疫情期间企业商业模式创新典型案例导入，启发学生对商业活动中企业社会责任的践行和商业伦理的持守提升到更高层面的共鸣。通过组织学生讨论"疫情当下，哪些企业在社会责任驱动下进行了商业模式的创新应变"，让学生思考如何站在命运共同体的角度，释放大爱，把危机变成创新的生机，体现了新时代中国企业的担当和作为。

(三) 与专业教学内容相结合的思政育人映射与融入点

"商业模式管理"课程中，与专业教学内容相结合的思政育人映射与融入点如表7-1所示。

表 7-1　商业模式管理课程的思政育人映射与融入点

专业知识、技能	思政育人映射与融入点
商业模式创新战略：商业模式创新环境	思政映射：逆行而上的中国力量和中国精神、企业社会责任 融入点：疫情期间，有不良企业企图发国难财，也有企业践行社会责任、积极创新战"疫"。通过分析在疫情当下哪些企业在企业社会责任的驱动下进行了商业模式创新，让学生升华对企业社会责任意识的认知，深刻体会"一个好的企业能为顾客提供优秀的产品和服务，而一个伟大的企业不仅能为顾客提供优秀的产品和服务，还竭尽全力使这个世界变得更美好。"

(四) 教学实施过程

1. 课前准备

向学生布置资料搜集和文献阅读的任务，让学生对企业社会责任、商业模式创新的概

念、内容、作用和意义进行提前了解并开启思考，为后续的案例讨论做好前期的知识和信息储备。在此基础上，结合当下疫情，借助各大互联网信息平台搜索哪些企业为了帮助国家和人民应对当下疫情的灾难性打击，承担了应有的社会责任，做出了哪些行动，尤其是商业模式创新活动。

2. 情境带入

教师列举新冠病毒疫情中违背企业伦理、不履行企业社会责任的错误行为，如违反政府疫情防治紧急措施、见利忘义、抬价销售、撒谎欺骗并囤积居奇、发布虚假广告信息以误导消费者、利用疫情实施诈骗等。同时分析"共享员工"和"跨界转产"两个典型的商业模式创新案例。

疫情期间，不少餐饮企业临时停工、歇业，导致员工无法正常上班，与此同时，零售、物流等保障日常生活相关企业的人力需求逆势增加。于是涌现出了"共享员工"这一新的用工模式。在盒马向云海肴员工发出招聘邀请之后，沃尔玛、京东、永辉等多家零售企业也陆续发布"员工共享"计划，向临时歇业的餐饮、酒店、影院等企业员工发出邀请，实现抱团取暖，共克时艰。

为了缓解医疗物资紧缺，支持疫情防控，上汽通用五菱联合供应商通过改建生产线的方式转产口罩，用实际行动助力疫情防控阻击战，提交了一份"不等不靠、自力自救、主动求变"的答卷。更让人感动的是，五菱在口罩的外包装箱上写着一句话——"人民需要什么，五菱就造什么！"。五菱不仅造口罩，还造口罩机，76 小时"五菱牌"口罩机自主研发下线，上汽通用五菱成为国内第 1 家既生产口罩也生产口罩机的汽车企业。此外，广汽集团、比亚迪等也洞察到社会的需求，及时思变，将生产线改造为可生产口罩的生产线，充分盘活企业闲置资源，增援抗疫力量。

通过列举身边实例，激活学生的价值观认知，启发学生明辨企业商业行为活动的是非伦理，引导学生建立正确的商业道德价值观，使他们明白在国家和人民危难之时履行企业社会责任的正确行为。

3. 引出主题

这次突发疫情给产业经济带来了不小的冲击和影响，所以，如何通过商业模式创新进行应变，成为企业当下不得不思考的一个问题。

这次疫情就是一场考验，让我们直面人性里的阴霾与明媚。我们看到有些不法商家不顾社会道德，甚至不惜触犯法律，企图借武汉疫情之机发国难财。与之形成巨大反差的是，很多企业在社会责任的驱动下，积极开展商业模式创新，协同战"疫"，让我们看到了"道义的力量、专业的力量和创新的力量"。

可见，在这场全国上下抗击新冠疫情的阻击战中，有些企业选择了违背企业伦理、甚至违法的错误行为，而有些企业选择了积极履行社会责任，通过大胆开展商业模式创新，合乎道德地对待利益相关者，维护和增进利益相关者的正当权益，从而造福于社会。

4. 抛出问题

通过新冠疫情背景下的案例引入和课程思政主题的总结，启发学生结合课前搜集的文献资料进行梳理与思考——疫情当下，还有哪些企业在社会责任的驱动下进行了商业模式的创新应变。在梳理该问题的同时，运用商业模式画布工具进行具体分析，如图 7-1 所示。

图 7-1　商业模式画布工具

5. 课堂讨论

由于处在全国应对新冠疫情爆发的紧张阶段，只能采用线上授课的方式组织学生发言讨论。学生通过"学习通"发布观点，教师进行结果汇总。以下为两个比较有代表性的学生发言：

(1) 德拓信息公司是一家数据智能公司，一直践行"让数据更具价值"的使命，通过大数据及人工智能帮助客户实现各种分析和应用。面对这次危机，德拓组织科研人员全力公关疫情防控大数据平台，调整自己的业务结构和产品方向(对应于商业模式画布中的关键业务和价值主张两个模块要素的创新)，提供用户数据价值为省市级疫情防控做贡献的专业服务。

(2) 新冠疫情期间，越来越多的餐饮企业选择了闭店，但眉州东坡的选择是——全国100 多家门店，能开的都开着。眉州东坡推出了眉州东坡便民平价超市，提供豌豆尖、牛心白等食材，还在现场安排大厨教授如何做菜。除了在门店售卖，眉州东坡也开始通过自家小程序、外卖平台、电话订购等方式销售食材，覆盖了门店 3 公里范围内的居民，甚至提供免费的配送服务(对应于商业模式画布中的渠道通路和客户关系两个模块要素的创新)。消费者反馈，便民菜摊、配送到家不仅方便，而且比超市价格便宜，最重要的是减少了人群密度，降低了交叉感染的概率。

6. 课后巩固

针对前期资料阅读和课堂问题思考，要求撰写个人心得体会。设计心得体会报告的目的主要是为了了解学生是否从内心深处建立了对企业社会责任的正确认知，是否理解了企业社会责任与创新使命的内在关联性，是否明白了一个优秀企业家对于造福社会的重要作用。

例如，有学生写道："在危机之时，一个具有承担社会责任能力的企业，不仅可以帮到企业自身，更重要的是还可以帮助其他商业合作伙伴，可以帮到顾客，可以帮到遇到危机的人和机构，可以帮助社会变得更美好。"

再如，也有同学写道："疫情期间，那些勇于承担社会责任的企业，不仅仅收获了员工的向心力和认同感，同样收获了公众和社会的认同感和美誉度，更重要的是，这些企业所表现出来的社会责任感，帮助人们在危机之中看到希望，感到温暖，鼓舞人心。"

(五) 教学方法和载体途径

1. 课前布置线下自学任务

(1) 要求大家在学校图书馆的数据库下载至少 10 篇有关企业社会责任和商业模式创新的文章，了解什么是企业社会责任和商业模式创新，以及企业社会责任和商业模式创新之间的关系。

(2) 要求大家进行网上信息搜索，搜集疫情期间哪些企业在社会责任的驱动下进行了商业模式创新应变，或者哪些企业应对疫情的商业模式创新中体现了企业的社会责任担当。

2. 课中采用钉钉直播平台、网络教学平台完成讨论

(1) 教师通过钉钉直播平台列举疫情期间"不良商家的可恶行为"，以及"共享员工"和"跨界转产"两个典型的商业模式创新案例，引出"企业要积极践行企业社会责任，通过创新商业模式齐力对抗疫情、共渡难关"的核心主题，进而抛出需要学生讨论的问题"疫情当下，还有哪些企业在社会责任驱动下进行了商业模式创新应变(结合商业模式画布的应用)"。

(2) 给大家 15 分钟独立思考并在学习通上发布自己的观点，15 分钟后由教师对答案进行汇总。

3. 课后完成线上讨论、成绩评定，并布置心得作业

(1) 根据学生的回答情况，酌情给分，记为课堂表现(0～5 分)。评分标准为：观点完整性、创新性、逻辑性、聚焦企业社会责任和商业模式创新的体现程度。

(2) 要求学生撰写心得体会(网络教学平台提交)：如何看待疫情期间不良商家的商业行为？一个优秀的企业家应该如何看待商业价值和社会道义？

(六) 教学成效和教学反思

该案例的实施效果和成果主要体现在以下几个方面(动手、动脑、动心)。

(1) 动手：学生课前能够积极进行资料的搜集和文献资料的阅读，体现课前准备的自主性和自律性。

(2) 动脑：根据"学习通"上学生们的回答，可以看出他们对"践行企业社会责任，通过创新商业模式齐力对抗疫情、共渡难关"有了更为深刻的认知，同时对企业商业模式创新过程中企业社会责任的重要驱动作用有了更深层的思考。

(3) 动心：通过撰写课后心得，激发学生从内心深处去深刻体会一个优秀企业家的社会价值和意义——"一个好的企业能为顾客提供优秀的产品和服务，而一个伟大的企业不仅能为顾客提供优秀的产品和服务，还竭尽全力使这个世界变得更美好。"

八、透明公开的公关作风，诚实无欺的公关品格

吕丽辉 管理学院

(一) 课程基本情况

课程名称：公共关系学

课程学时：32

课程学分：2

(二) 思政育人目标

本案例运用课堂讲授、提问启发式、课堂分组讨论、案例教学法等教学手段，对公共关系从我做起、双向沟通、透明公开、诚实无欺、互惠互利、不断创新六大原则进行讲授与分析。结合防疫战疫主题，对透明公开原则、诚实无欺原则进行深入的案例讲解与分析。对政府机构而言，透明公开是获取公众信任的前提条件，是各项政策得以实施的基础。同时，良好的公共关系是建立在组织与公众相互信任基础上的，而信任的前提是双方以诚相待，实事求是。

通过思政案例，将达到如下三个目标：

(1) 培养学生公共关系职业伦理操守。提炼道德情操中的诚实无欺元素，帮助学生树立"说真话"的牢固思想，养成透明公开的公关作风，拥有诚实无欺的公关品格。

(2) 锻炼学生缘事析理、自觉分析的能力。使学生能够通过专题案例透视社会现象本质，探索存在的问题以及问题存在原因，发扬批判精神，进行理性分析，拥有明辨是非的态度。

(3) 实现社会主义核心价值观的国际认同。结合疫情期间我国政府的防疫抗疫行动，在认知、认可和认同三方面，开展社会主义核心价值观指导下的学习与讨论，树立正确的价值观。

(三) 与专业教学内容相结合的思政育人映射与融入点

"公共关系学"课程中，与专业教学内容相结合的思政育人映射与融入点如表 8-1 所示。

表 8-1　公共关系学课程的思政育人映射与融入点

专业知识、技能	思政育人映射与融入点
公共关系基本原则	培养学生职业伦理操守
透明公开原则——国外政府及媒体对疫情的歪曲言论与报道	培养学生缘事析理、理性分析的自觉思考能力
诚实无欺原则——我国政府对西方部分不实言论的反驳	实现社会主义核心价值观的国际认同

(四) 教学实施过程

教学实施过程如表 8-2 所示。

表 8-2　教学实施过程

授课内容——思政育人映射与融入点	教学实施过程
公共关系基本原则——培养学生职业伦理操守	通过理论讲解 + 启发 + 提问： (1) 引导学生回顾艾维·李思想，回顾"说真话"与"公众必须被告知"的信条； (2) 基于公共关系基本职能，引出公共关系从我做起、双向沟通、透明公开、诚实无欺、互惠互利、不断创新六大原则； (3) 提炼道德元素，映射培养学生职业伦理操守
透明公开原则——培养学生缘事析理、理性分析的自觉思考能力	通过案例 + 讨论 + 理论讲解： (1) 介绍案例"某国国务卿甩锅中国，抱怨中国数据不公开"，引出西方政府及媒体对中国疫情期间公开数据的质疑； (2) 通过课堂讨论与对话，引导学生结合案例自觉思考，培养学生理性分析的能力
诚实无欺原则——实现社会主义核心价值观的国际认同	通过案例 + 讨论 + 理论讲解： (1) 介绍国外政府、学者以及世界卫生组织对我国政府防疫抗疫行动的肯定； (2) 总结国际社会公论。我国能够公开透明地发布数据，告知事实，国际社会对此给予高度评价； (3) 播放短视频"某国态度 180 度急转，国家首脑竟感谢中国帮忙"； (4) 播放某国政府首脑称赞中国疫情防控成果——中国分享的数据很有帮助"的短视频； (5) 依据事实进行分析总结，从认知、认可、认同三方面实现社会主义核心价值观的国际认可，从而在国际上树立良好的组织公共关系形象

(五) 教学方法和载体途径

本案例运用课堂讲授、课堂分组讨论、案例教学法等教学手段，对公共关系六大原则之透明公开原则、诚实无欺原则进行案例讲解与分析。公关人员争取公众信任的手段是开诚布公，即提供真实的材料。要通过信任、以诚相待来树立政府组织的形象。本案例从课前、课中、课后三大模块展开。

1. 课前

围绕课程思政目标，设置三个思政育人映射与融入点："培养学生职业伦理操守""培养学生缘事析理、理性分析的自觉思考能力"和"实现社会主义核心价值观的国际认同"，提供线上阅读资料及视频，拟定讨论主题，请学生课前预习。

2. 课中

• 第一部分

授课内容是"公共关系基本原则"，思政育人映射与融入点是"培养学生职业伦理操守"。通过理论讲解＋启发＋提问完成以下三点：

(1) 引导学生回顾艾维·李思想，回顾"说真话"与"公众必须被告知"的信条；

(2) 基于公共关系基本职能，以及(1)部分的理论回顾，引出"公共关系从我做起、双向沟通、透明公开、诚实无欺、互惠互利、不断创新"六大原则；

(3) 重点围绕透明公开、诚实无欺原则提炼道德元素，映射培养学生职业伦理操守。

提问环节：

(1) 封闭会给公众带来什么心理影响？

(2) 信任的前提是什么？

辅助载体途径：泛雅平台提供艾维·李及其理论资料，引导学生自觉思考。

• 第二部分

授课内容是"透明公开原则——西方政府及媒体对疫情的歪曲言论与报道"，思政育人映射与融入点是"培养学生缘事析理、理性分析的自觉思考能力"。通过案例＋讨论＋理论讲解完成以下两点：

(1) 介绍案例"某国国务卿甩锅中国，抱怨中国数据不公开"，引出西方政府及媒体对中国疫情期间公开数据的质疑。

(2) 通过课堂讨论与对话，引导学生结合案例自觉思考，探索事物发展的本质，培养学生冷静判断及理性分析的能力。

讨论环节：

(1) 结合"2020年3月6日美国国务卿蓬佩奥接受美国消费者新闻与商业频道(CNBC)采访"提起讨论：如何看待美方官员对中国数据公开的态度？

(2) 美方官员的目的是什么？

辅助载体途径：在网络教学平台提供资料信息，同时辅以 APP 推送，课堂讲解。引导学生自觉思考，锻炼学生明辨是非的能力，培养学生的推理能力。

• 第三部分

授课内容是"诚实无欺原则——我国政府基于西方部分不实言论的反驳",思政育人映射与融入点是"实现社会主义核心价值观的国际认同"。通过案例 + 讨论 + 理论讲解完成以下五点:

(1) 介绍国外政府、学者以及世界卫生组织对我国政府防疫抗疫行动的肯定,认为中方行动速度之快、规模之大实属世所罕见,认为这展现出了中国速度、中国规模和中国效率。

(2) 总结国际社会公论。我国能够公开透明地发布数据,告知事实,国际社会对此给予了高度评价。

(3) 播放短视频"某国态度 180 度急转,国家首脑竟感谢中国帮忙",随着时间发展,某些国家政府官员的不实言论已经不攻自破。

(4) 继续播放"某国政府首脑称赞中国疫情防控成果——中国分享的数据很有帮助",让学生自己判断该国政府对中国态度转变的基本原因。

(5) 依据事实进行分析总结。提高社会主义核心价值观国际认同的关键在于认知、遵循和把握国际认同机理。我国政府坚持透明公开、诚实无欺的原则,从认知、认可、认同三方面实现社会主义核心价值观的国际认可,在国际上树立了良好的组织公共关系形象。

讨论环节:

(1) 总结国际社会公论以及给予的高度评价,讨论中国如何为国际社会抗疫争取了宝贵时间。

(2) 提高社会主义核心价值观的国际认同对于提升我国的国际形象、增强我国文化软实力的重大意义。

辅助载体途径:课堂播放某国首脑发表言论视频、央视记者采访报道、意大利对中国援助表示感谢报道等资料,同时辅以 APP 推送。

3. 课后

要求学生积极关注相关媒体报道与信息更新,养成透过现象看本质的理性分析能力,保质保量地完成作业,通过泛雅平台或其他途径积极给予教师信息反馈。

(六) 教学成效和教学反思

该案例教学设计围绕三个思政目标,"培养学生职业伦理操守""培养学生缘事析理、理性分析的自觉思考能力"和"实现社会主义核心价值观的国际认同"展开,可从隐性及显性两方面对学生学习效果进行观察与评估,提升学生获得感。

1. 隐性方面

可从学生思考深度、课堂关注度等方面进行测量。

(1) 本案例重心培养学生缘事析理、明辨是非的能力,可以通过观察,研判学生思考能力的层面,探索学生思考问题根由的深度,从而给予评估。

(2) 可从学生课堂讨论及线上留言的积极性,提供反馈信息的次数等,评估学生的学习态度,并据此判断案例思政教学的实施效果,反思教学环节可能存在的问题,提升教学成效。

2. 显性方面

可从学生参与度、学生满意度、作业完成质量等方面进行测量。

(1) 学生参与度。通过课堂分组讨论，观察评估学生参与的热情度、发言的积极性等。

(2) 学生满意度。给予学生开放式信息反馈的权利，学生随时可以通过多种渠道，将对授课方法、授课内容等的授课意见反馈给授课教师，教师据此测量学生在学习过程中的感受与体会。

(3) 作业完成质量。通过评价学生作业的完成质量，评估学生对事件分析推理的掌握能力以及透过现象看本质的思考能力，从而评估案例思政教学的实施效果，在此基础上进一步提升教学效果。

九、从火神山医院建设看项目集成管理的作用

张蕊　管理学院

(一) 课程基本情况

课程名称：项目管理
课程学时：32
课程学分：2

(二) 思政育人目标

从项目管理知识体系入手，以"鲁布革水电站建设"和"火神山医院建设项目"等为例，讲授项目集成管理的理念及作用。通过思政点的植入，增强学生的"四个自信"，引导和培养学生的责任意识，促进学生正确价值观的形成和发展。

(1) 增强学生"四个自信"。中国政府在火神山医院建设过程中统一指挥、统一协调、统一调度、协同联动的集成管理措施，充分体现了中国特色社会主义制度的优越性，中国解决方案在国际舞台上发挥着越来越重要的作用。通过案例分析引导学生理解项目集成管理的重要意义，增强学生的中国特色社会主义文化自信、理论自信、道路自信、制度自信，激发其为中华民族伟大复兴而努力学习的使命感和责任感。

(2) 引导和培养学生的全局意识和责任意识。通过学习项目集成管理理论，引导学生逐步树立以人为本、责任意识和担当精神，学习尊重和维护人的尊严和价值，培养创新、进取、敢于承担风险、执着和坚持等精神。

(3) 引导学生思辨、讨论、反思。在思想砥砺中促进学生正确价值观的形成和发展。

(三) 与专业教学内容相结合的思政育人映射与融入点

"项目管理"课程中，与专业教学内容相结合的思政育人映射与融入点如表 9-1 所示。

表 9-1　项目管理课程的思政育人映射与融入点

专业知识、技能	思政育人映射与融入点
知识及能力 1：掌握项目管理十大知识领域，提升对知识领域的理解能力。介绍项目集成管理、项目范围管理、项目时间管理、项目费用(成本)管理、项目质量管理、项目人力资源管理、项目风险管理、项目沟通管理、项目采购管理、项目干系人管理	以项目管理的十大知识体系为融入点，观察十大知识体系在中国的调整和变化，树立系统观和整体观，增强学生对中国解决方案的认识和了解，增强"四个自信"和责任感

专业知识、技能	思政育人映射与融入点
知识及能力 2：了解国内外项目管理组织，进行项目管理组织的国际比较。介绍国内外项目管理组织的发展，讨论美国项目管理协会、国际项目管理协会、中国项目管理协会三个组织的国际认证及知识体系的异同	以国内外项目管理协会和项目管理国际认证为融入点，采用小组讨论和 PK 的方式，组织学生进行知识体系的整理和讨论，引导学生采用比较分析的方法，区分中外项目管理认证体系的不同，培养国际化视野和辩证思维
知识点 3：掌握项目集成管理的作用。介绍项目集成管理的概念、原理及应用	采用观看火神山医院建设视频，阅读鲁布革水电站、悉尼歌剧院建设的相关案例等方法，分析在成功建设奇迹工程过程中项目集成管理发挥的作用。提升学生的家国情怀，激发学生的创新、进取、敢于承担风险、执著和坚持等精神

（四）教学实施过程

本次课的教学实施过程如下：

(1) 课前布置预习作业：自行查找资料，了解国内外相关项目管理国际组织的发展历程；登录国际组织网站，了解该组织的发展现状。培养学生的国际视野，引导学生用历史的、发展的眼光看待问题，树立科学史观。

(2) 上课 10 分钟：回顾上一次课的教学重点，引出此次课程的教学主题，根据课前布置的预习作业进行课前测，测验一般为选择题和判断题，时长为 5 分钟。通过课前测试，学生可以了解自己没有掌握的知识点，教师也能够及时调整上课的侧重点。

(3) 课中 20 分钟：抛出此次授课的第一个主题问题"项目管理的体系来自西方，中国在此体系中的作用是什么？"学生按照已有分组以积分赛的形式，展示课前搜集的信息及小组观点，每展示一项有效观点，小组成绩积一分，此次展示成果累积的总成绩为期末折算小组成绩的基础之一。比较项目管理相关国际组织的知识体系与中国项目管理知识体系的异同点，总结项目管理知识体系的构成内容。引导学生看到中国方案在国际体系中的作用，引导学生用比较的眼光看待不同事物的特征，增强"四个自信"。

(4) 课中 20 分钟：抛出此次授课的第二个主题问题"在一些奇迹工程的建设过程中，发挥核心作用的环节是什么？"发布阅读案例，进行小组讨论。分析两个案例成功的关键因素，引导学生以整体眼光看待问题。

(5) 课中 20 分钟：结合小组案例分析的结果，引入理论内容——项目集成管理。介绍项目集成管理的涵义、内容及作用，探讨项目集成管理在项目管理中的意义。引发学生思考，增强民族自豪感，激发学生创新、进取、敢于承担风险、执著和坚持等精神。

(6) 课中 10 分钟：知识总结，课后测及作业发布。

(五) 教学方法和载体途径

本案例使用鲁布革水电站、火神山医院等中国工程建设的案例，引导学生认识到中国制度的优越性和中国速度的影响力，增强学生的民族"四个自信"，培养学生的全局意识和责任意识，帮助学生树立崇尚真理、问题意识和辩证分析问题的价值观。教学方法和载体如图 9-1 所示，融入教学过程中教师、学生、教学内容(重点、难点)和教学媒体/方法四大要素，运用二维矩阵，从课程实施的时间维度和教学过程中师生活动维度展开具体阐述。

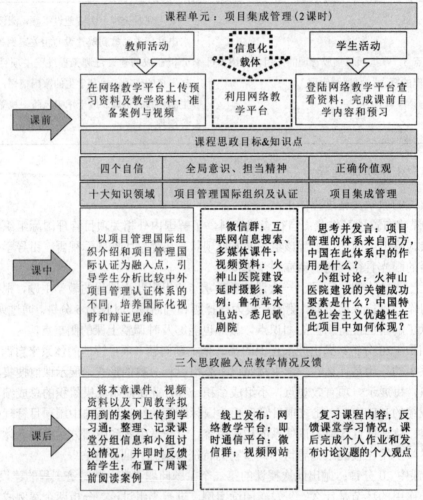

图 9-1　教学方法和载体途径

1. 教学方法

(1) 任务驱动教学法：从课程的知识目标、能力目标、情感目标入手，设计教学内容的呈现方法及学生完成方法。将主要理论设计成开篇问题，引发学生思考，通过小组讨论、PPT 展示、汇报等任务，引领学生对理论的理解，培养学生的团队精神和协作意识。

(2) 分组讨论法：分组讨论是根据学生的心理特征实施的一种教学方法，这种方法是对任务驱动教学法的补充。学生每 6～8 人分为一组，将问题中涉及的理论及难点作为讨论内容，引导学生在小组中彼此分享个人的意见和独到见解，共同研讨，解决问题，提高沟通和交流能力。

(3) 头脑风暴法：在课堂上采取小组积分赛的方式，这是一种典型的头脑风暴法的应用。鼓励学生畅所欲言，根据课前学习的内容，在别人思想的启发下，不断完善自己的想法。小组积分赛能够有效地调动学生的热情和积极性。

2. 教学载体

充分发挥信息化平台和载体的作用，采取学生易于接受和喜闻乐见的形式，引导课前自学和课后作业的资料查找，并通过公开发表的论文、新闻报道等资料，结合小视频，调动学生的学习积极性。

(1) 课前——教学平台及微信群。开课前一周，通过微信群和"学习通"发布通知，请学生阅读课本上的项目管理国际组织部分，登录国际组织网站，了解该组织的发展现状，并思考项目管理国际组织的作用。

(2) 课中——小视频、小案例大效果。充分利用学生喜欢的短视频作为辅助手段。短视频具有耗时短、生动形象、信息量丰富的特征，同时也是大学生喜闻乐见的形式，不会占据大量的课堂时间，却能起到助推授课效果的作用。此案例播放"火神山医院延时摄影"，引导学生分析项目管理的成果要素和关键节点，进而理解项目管理的知识体系。

以搜狐网发表的"鲁布革水电站的冲击波"和新华网 2020 年 2 月 3 日发表的《"火神"战瘟神——火神山医院 10 天落成记》文章为案例，结合视频，发起课堂分组讨论，完成对预习问题和开篇问题的回答。根据十大知识体系分解火神山医院建设的关键要点，各小组梳理十大知识体系在火神山医院建设过程中是如何体现的，并分析创新精神和勇于承担责任的担当精神是如何体现的，小组讨论的框架作为作业的基础框架。

(3) 课后——学习平台发布作业和讨论。在"学习通"发起讨论议题并布置作业，考查学生对课程知识点的掌握和对课程思政要点的理解。讨论和作业计入平时成绩，回复一次讨论议题计分 1 分，完成一次作业记总成绩的 5%。评分标准关注回答问题时是否从历史、系统观点出发，是否有对项目管理的整体认识和总结。评价方式为老师评价和学生互评相结合。

(六) 教学成效和教学反思

通过预习、案例课堂分析、课堂讨论，本教学设计需要实现的思政目标得到了充分的挖掘和延伸。在讲授专业知识的同时，培养了学生的唯物史观、系统观，树立了学生的问题意识，培养了他们崇尚真理、辩证分析问题、科学地做出决定和选择的能力。

1. 教学成效

根据课前测、课后测及问卷调查，本节课的主要教学目标已经达到，学生较好地掌握了项目管理的知识体系内容、国内外项目管理组织及认证和项目集成管理的基本理论。通过网络平台讨论题的反馈，能够看到本次课程较好地实现了思政点的主题渗透，学生看到中国解决方案在国际舞台的作用，在讨论议题的回复中表达了强烈的民族自豪感。

2. 反思

在开展课程思政过程中，教师要关注学生的德智与潜能的培养和激发，找准突破口，达到专业教学和思政要点相结合的目的。同时，要深化基于过程的综合考评体系，将思政内容纳入考核指标，从知识、技能、态度等三方面综合考查学生：

(1) 知识方面：以课前测、课后测、小组作业和个人作业等形式考查学生对课程知识点的掌握情况。

(2) 技能方面：考察小组作业和个人作业中完成任务要求的情况。

(3) 态度方面：从出勤、敬业精神、组织协调能力、学习态度等角度，考查学生能否自主查找资料、积极讨论、踊跃发言，并能够在小组之间就阐述的观点展开辩论。

十、身心的"特效药"之健美操项目

王燕飞　体育教学部

(一) 课程基本情况

课程名称：健美操

课程学时：32

课程学分：1

(二) 思政育人目标

让学生实实在在地感受到体育的拼搏精神，并以此影响其人格的塑造，培养和践行社会主义核心价值观，激发归属感与荣誉感，厚植爱国主义情怀。体育运动不仅能强身健体，更能给予人美的享受。它能使学生理解体育美学的真与善，重塑对梦想的认知，提升其对于美好的感知力，激发学生对生活的激情。此外，体育还能更长效地推动学生自主锻炼的积极性，落实现阶段大学生的战"疫"使命。

(三) 与专业教学内容相结合的思政育人映射与融入点

"健美操"课程中，与专业教学内容相结合的思政育人映射与融入点见表 10-1 所示。

表 10-1　健美操课程的思政育人映射与融入点

专业知识、技能	思政育人映射与融入点
提高心肺功能的专项锻炼，竞技健美操视频	1. 结合专项特点，为学生提供与兴趣相结合的大众健美操心肺锻炼内容，引导学生深入理解"防控疫情，从我做起" 2. 引领学生欣赏竞技健美操项目的动作表现力美学，通过视频中运动员为追逐梦想付出的不懈努力，代表国家参赛的拼搏精神的展现等，来感染学生，提升国家归属感，厚植爱国主义情怀，激发生活激情 3. 最大限度地发挥课程中的精神激发效果，引导学生加强课外的自我练习，不轻言放弃，勇于挑战，敢于坚持，勇担使命，主动作为

(四) 教学实施过程

(1) 通过讲解，引导学生了解并掌握健美操心肺锻炼动作的要领及注意要点，并付诸实践。练习动作如图 10-1、图 10-2 所示。

图 10-1　心肺锻炼部分动作示例 1

图 10-2　心肺锻炼部分动作示例 2

(2) 采用任务驱动与分组合作，提高练习的积极性。实现线上、线下以及课程内外的有效互动、互通。线下、线上课程练习如图 10-3、图 10-4 所示。

图 10-3　线下课程班级学生小组练习

图 10-4 线上课程期间学生参与讲解

(3) 通过视频教学，引导学生欣赏竞技健美操力与美的结合，提高感受度，感受生命之美，体会拼搏精神，敢于坚持，勇担使命。通过视频中运动员为了追逐梦想所表现出来的坚持与拼搏精神的传递，激发学生的生活热情，为心肺锻炼的有效引入与持久坚持铺路。课程图片与视频如图 10-5～图 10-7 所示。

图 10-5 校队外出比赛

图 10-6 世锦赛五人操

图 10-7 受伤队员仍到赛场助威

(五) 教学方法和载体途径

1. 讲解法

通过讲解，引导学生了解并掌握健美操心肺锻炼动作的要领及注意要点，并努力践行。简述竞技健美操的基本评分要素，提高学生对这项运动的赏析能力，加深其对学生的影响，厚植爱国主义情怀。在视频播放过程中，将运动员们在追求梦想的过程中所付出的种种努力娓娓道来，结合疫情当下、专家建议等，引导学生敢于奋发坚持，践行"战疫"使命。通过共情的方式，激发学生的生活热情，促使他们为了张扬青春、追逐梦想而坚定地坚实身体健康基础。

2. 任务驱动与分组合作法

通过组内合作的形式，结合视频内容，以提高心肺功能作为努力目标，让学生们以小组为单位，共同练习并提高。在线上教学中通过组间竞赛与组内合作来调动学生的锻炼积极性。

3. 竞技健美操视频观摩

选取 2018 年世界锦标赛混合五人项目中国队夺冠的视频为教学素材，引导学生们在欣赏力与美的结合中感悟生命之美，提高其对生物生命之美、精神生命之美的认识。直观的视觉体验更提升了学生的国家归属感与荣誉感，促进了学生对运动员赛场外艰苦卓绝的奋斗、赛场上顽强拼搏的精神的认同与内化。

4. 自主练习法、合作学习法

在课程内外，灵活运用小组的合作形式，鼓励学生在完成练习的过程中提高小组之间及内部的互动，促进自主与合作练习，调动锻炼的积极性，实现能力的共同提高。

5. 考核

采用个人技术评定以及小组合作演示相结合的考核方式。个人技术动作以完成情况进行评价，小组以 PPT 制作及网络演示两方面进行评价。

(六) 教学成效和教学反思

(1) 通过锻炼动作的讲解，引导学生在课程内外积极参与动作的练习。提倡组内合作，增加学生之间的互动，促进组内团结协作、组间竞争，保质保量地完成锻炼内容。讲解过程中引入实例，督促学生提高在家期间的身体素质，保持身心健康，提升心肺功能。

(2) 通过竞技健美操视频的赏析产生共情。视频中所展现的力与美的结合能提高学生对美的感受，增强思维能力，激发创新性，从而深化其对生命之美的感悟。通过对运动员们为了成就梦想而坚守与拼搏的描述，感染学生，引起共情，并借助共情的力量，激发学生的生活热情与拼搏精神，厚植爱国主义情怀，健全人格，引导其勇担战"疫"使命，不传谣不信谣。

(3) 共情能激发学生的运动热情，如何能让这份热情持续，发挥更好的作用值得我们继续努力和思考。

十一、数据挖掘的前世今生：

发展历程与大数据战略

薛洁　经济学院

(一) 课程基本情况

课程名称：数据挖掘方法与应用

课程学时：48

课程学分：3

(二) 思政育人目标

本案例以"数据挖掘方法与应用"课程中的"数据挖掘发展历程"为知识载体，将德育教育有机地贯穿于课堂教学之中，坚持"育人为本，德育为先"的培养理念，凸显社会主义核心价值观。通过本知识点的学习，学生可以充分了解国内外数据挖掘的发展进程、国际上对于大数据的战略布局，以及中国近些年在大数据战略布局上取得的显著成效等，以此开拓学生的国际视野，并让学生切身感受到中国经济的快速发展，从而培养学生的家国情怀，将来更好地服务社会。

(三) 与专业教学内容相结合的思政育人映射与融入点

"数据挖掘方法与应用"课程中，与专业教学内容相结合的思政育人映射与融入点如表 11-1 所示。

表 11-1　数据挖掘方法与应用课程的思政育人映射与融入点

专业知识、技能	思政育人映射与融入点
1. 数据挖掘的发展历程 2. 国外大数据战略布局 3. 国内大数据战略布局	1. 培养创新性思维，拓展学生国际视野 2. 时刻保持与时俱进的科学态度 3. 激发学生的自信心，培养学生的家国情怀

(四) 教学实施过程

本案例教学主要围绕数据挖掘的前世今生，采取知识点讲授、案例分析、文献阅读、思考讨论等方式实施具体的教学过程，如图 11-1 所示。

图 11-1　案例教学实施过程

(五) 教学方法和载体途径

本案例结合数据挖掘发展相关知识，重点介绍数据挖掘的前世今生。

1. 数据挖掘的发展历程

在数据挖掘定义的基础上，首先介绍国外数据挖掘领域的起源与发展。统计学作为一门学科发展了三百多年，经历了古典统计学、近代统计学和现代统计学。在此期间，著名的政治算术学派、国势学派和数理统计学派及其代表性人物不断涌现。而后，随着时代的发展与统计方法在各个领域的不断渗透，产生了一系列先进的统计方法，如正态分布、方差分析、主成分分析、高维数据分析方法等。直到 20 世纪 90 年代，由于互联网的产生，海量数据出现，数据挖掘方法应运而生，紧接着出现了现在的机器学习、数据科学等。通过数据挖掘发展进程的系统性介绍，拓展了学生的国际视野。近些年，国内也尤为重视数据挖掘方面的研究，通过向学生展示国内各大基金项目关于数据挖掘类的参考选题，使学生对该领域的学术前沿有了整体认识。同时，让学生充分意识到时代在进步，技术在不断进步，所以要时刻保持与时俱进的科学态度。

2. 国外大数据战略布局

一方面，借助于网络视频，介绍以美国为代表的"大数据"战略布局。2010 年 12 月，总统行政办公室下属的科技技术顾问委员会、信息技术顾问委员会向奥巴马和国会提交了名为《规划数据未来》的专门报告，该报告把数据收集和使用的工作，提到了战略的高度。2012 年 3 月 29 日，奥巴马政府又进一步推进了其"大数据战略"。另一方面，重点介绍大数据应用案例："飓风与草莓夹心酥的销售连带关系"，讲解美国沃尔玛超市如何利用大数据预测消费者在飓风肆虐时的购物行为。通过上述政策与案例的介绍，使学生充分了解国外对于大数据的战略布局，以及大数据的应用领域，从而开发学生的创新性思维，教导学生要善用大数据与所学到的统计方法，帮助自己赢得机会。

3. 中国大数据战略布局

通过梳理这些年我国出台的关于物联网、云计算和大数据等方面的国家政策，让学生对我国的大数据战略有充分的认识。对比我国过去的技术落后和现在的技术飞跃，强调科学技术是第一生产力，激发学生的自信心，培养学生的家国情怀。

整个教学过程中，主要以引导式、启发式教学方式为主，借助网络教学、文献检索等教学方法，让学生课下进行文献查阅，通过课上讨论、师生对话，帮助学生了解数据挖掘的学术前沿，并在潜移默化中培育其社会主义核心价值观。

（六）教学成效和教学反思

随着大数据、物联网、云计算等数字技术的快速发展，数字经济已成为全球各国经济发展的主要动力，而浙江省 2017 年启动数字经济"一号工程"，正在为打造国家数字经济示范省而努力。本案例的教学设计贴近当前大数据时代与数字经济的发展背景，通过国内外数据挖掘、大数据战略布局的分析，以学生为出发点，以问题为线索，充分启发学生的求知欲和好奇心。同时，结合该部分教学内容，强调以任务驱动让学生自主探究和协作探究，学生可以主动查阅文献，积极了解国内外目前对于大数据、数据挖掘方法的前沿性研究，深刻认识到数据挖掘方法对于未来知识学习与工作应用的重要性。

十二、干预从天而降，预测怎么办？

付荣　经济学院

(一) 课程基本情况

课程名称：统计预测与决策
课程学时：48
课程学分：3

(二) 思政育人目标

以"统计预测与决策"课程的"干预分析模型预测法"为知识载体，将科学精神有机地贯穿于课堂教学之中，培养学生的科学思维能力，凸显社会主义核心价值观，培养具有家国情怀、国际视野、创新精神和实践能力的高素质人才，使学生在知识、能力、素质等方面协调发展。

(三) 与专业教学内容相结合的思政育人映射与融入点

"统计预测与决策"课程中，与专业教学内容相结合的思政育人映射与融入点如表12-1所示。

表 12-1　统计预测与决策课程的思政育人映射与融入点

专业知识、技能	思政育人映射与融入点
干预分析模型	(1) 培养学生的科学思维，对干预事件进行理性思考并进行科学方法分析，勇于探索社会经济发展规律 (2) 时刻保持着清醒的辩证思维、系统的战略思维以及永不止步的创新思维

(四) 教学实施过程

教学过程中采用讲授、提问、讨论等教学方法，具体实施过程分以下五个步骤：
(1) 介绍干预模型概述；
(2) 讲解干预基本变量函数及四种常见干预事件模型；
(3) 提问变量干预模型识别与估计；
(4) 讨论案例一：SARS 带动上海房地产价格上涨；
(5) 讨论案例二：中国人民银行"降息"与"两会"对深市的影响。

(五) 教学方法和载体途径

结合我国"房地产价格指数预测"和"中国人民银行'降息'与'两会'对深市的影响"，讲解干预分析模型预测法及其应用。

(1) 干预模型概述。了解干预模型的原理，干预分析模型是传递函数模型的一种推广，为了拓宽和完善学生的知识体系，在原教材的基础上加入"传递函数模型"的介绍，并推导出干预分析模型的一般形式。

(2) 结合社会实际情况，介绍阶跃函数和脉冲函数两种基本干预变量。利用两种干预变量构建四种常见干预事件模型："干预事件的影响突然开始，长期持续下去""干预事件的影响逐渐开始，长期持续下去""干预事件突然开始，产生暂时的影响""干预事件逐渐开始，产生暂时的影响"。

(3) 重点讲解单变量干预模型的识别与估计，使学生掌握干预分析模型的建模步骤，能够建模解决实际问题，培养学生的自学能力和服务社会的能力。

(4) 通过案例一"SARS 带动上海房地产价格上涨"，应用 2001 年 11 月至 2004 年 12 月上海二手房指数的时间序列数据，研究干预事件"SARS 爆发"对上海二手房价格的影响。在模型的识别过程中，演示如何采用 Eviews 软件在多种曲线模型中筛选出拟合优度最佳的模型曲线，以及如何识别干预影响并净化时间序列，最终得出完整的干预分析模型，预测上海二手房价格指数走势。

(5) 通过案例二"中国人民银行'降息'与'两会'对深市的影响"，讲解多干预变量识别模型的构建。第一，从宏观货币政策理论出发，解释央行"降息"宽松的货币政策对于股票市场的利好，对比央行历次降息后我国股票市场的表现。第二，通过比较历次"两会"召开时间表及上证指数的表现，展示政府政策对股票市场干预影响的效果。样本选取为央行第八次降息前 120 个交易日和降息后 144 个交易日深圳股票指数的收盘价，分析降息因素的干预变量为阶跃函数，"两会"因素的干预变量为单位脉冲变量，且"两会"影响有一定的持续性，因此在干预模型识别中加入 1 个降息干预变量，10 个不同滞后时期的"两会"干预变量，进行总体干预模型的识别与参数估计。在案例分析中，培养学生的科学思维，对干预事件进行理性思考并进行科学分析，勇于探索社会经济发展规律。

通过课堂提问考查学生对知识的掌握程度以及是否具备严谨科学的态度。

(六) 教学成效和教学反思

该案例教学设计以实际事件为线索，贴近我国改革开放发展的经济现状，贴近生活。理论联系实际，通过房地产市场和股票市场的案例设计，充分调动学生求知的能动性，启发学生的求知欲和好奇心，引导学生时刻保持科学精神和科学思维能力。同时，通过学习该内容，令学生明白在数据统计分析中，比起墨守成规，保持辩证思维和批判精神更为重要，激发学生求实创新、勇于探索、实事求是的科学精神。

十三、金融行业中的利益冲突与金融职业道德

薛文忠　经济学院

(一) 课程基本情况

课程名称：金融学
课程学时：48
课程学分：3

(二) 思政育人目标

通过分析和讨论金融行业内的利益冲突形成机制、危害及其治理途径，引入金融职业道德话题，引导学生学习金融职业道德相关知识，提高金融职业道德水平，形成遵守市场规则、诚实守信的良好职业道德观。

(三) 与专业教学内容相结合的思政育人映射与融入点

在"金融学"课程中，与"金融行业内利益冲突产生的根源、形成机制及其危害"的知识点相关的思政育人映射与融入点如表 13-1 所示。

表 13-1　金融学课程的思政育人映射与融入点

专业知识、技能	思政育人映射与融入点
金融行业内利益冲突产生的根源、形成机制及其危害 案例：信用评级机构咨询业务和评级业务的利益冲突及其在次债危机中扮演的角色	本案例通过对金融行业内的利益冲突进行理论分析，讨论利益冲突形成机制、危害及其治理途径。以此为思政育人融入点，引入金融职业道德问题，通过对金融职业道德与金融业发展、个人金融梦实现的关系等问题进行分析和讨论，引导学生思考在未来从事金融业中应该遵循的职业道德，培养和塑造金融学专业学生良好的金融职业道德观

(四) 教学实施过程

1. 案例知识点导入与讲解

(1) 理论分析：金融机构利益冲突产生的根源与危害。金融机构在辨识信息和搜索客户信息方面拥有专业技术，使得他们在生产信息方面具有成本优势。金融机构在其经营过

程中，通过向客户提供多种服务，将一条信息资源使用在不同的服务上，降低每一项服务的信息成本，从而实现范围经济，进而提高其收益水平。但是，不同客户的利益不一致，也就是他们之间可能存在利益冲突。提供金融服务的公司或其雇员以牺牲一方利益为代价实现另一方利益。例如，他们视自身利益高于客户的利益；或者当公司为保证发行证券可能会牺牲证券投资者的利益，从而损害其客户的利益。这就是金融机构的利益冲突问题。

利益冲突会导致金融机构或其雇员隐瞒信息或提供虚假信息，显著地降低金融市场的信息质量，加剧信息不对称问题。信息不对称问题又会阻碍金融市场将资金向富有生产性的投资机会进行转移，造成金融市场和经济运行效率低下。

(2) 金融机构利益冲突案例：信用评级机构咨询业务和评级业务的利益冲突。不同利益的使用者使用信用评级进行决策，投资者和监管部门希望获得科学公证的信用评级结果，而证券发行者需要一个令其满意的评级结果。评级机构为证券发行者提供咨询服务，同时对自己的业务进行评级，评级机构为了获得更多的新客户，可能会提供有利于证券发行者的评级结果。

信用评级机构建议客户如何构建复杂的住房抵押支持证券及其衍生品。同时，他们对这些产品进行评级，导致潜在的利益冲突。他们通过向客户提供构建这些金融产品方法的建议而获得了丰厚的收入，同时又是他们自己对这些金融产品提供评级服务，这意味着他们没有充足的动力去保证评级结果的准确性。

在房地产价格开始下跌、次级抵押贷款大量出现违约的时候，许多 AAA 级金融产品的评级结果被迫不断调低，直至垃圾级别。这些资产遭受巨大的损失，导致持有这些资产的金融机构陷入困境，进而导致次贷危机爆发，对整体经济造成灾难性后果。

2. 引入金融职业道德话题

信用评级机构在次债危机产生过程中发挥的作用表明，提供金融服务的机构或雇员以牺牲一方的利益为代价实现另一方的利益，会导致严重的后果。次贷危机不仅对全球经济带来严重的冲击，也导致大量金融从业人员失业。因此利益冲突成为金融从业人员的一个道德问题。

限制金融行业内不道德行为不仅有利于经济发展，也可以保证金融从业人员自身的利益。限制金融行业内不道德行为的途径有两个：一是制定相关政策，从而使得个人难以产生利益冲突的行为；二是提高金融职业道德水平，使得金融从业人员清楚意识到利益冲突下将产生的道德问题，降低雇员的不道德行为。

3. 金融职业道德话题讨论和引导

教师主要通过设置任务和引导性讨论进行金融职业道德话题的讲解。一是讨论金融行业内利益冲突的原因及危害；二是讨论限制金融行业内不道德行为的途径；三是从自身的角度讨论对金融从业人员职业道德的理解以及在未来的金融从业生涯中将遵循的职业道德。

(1) 要求学生分组讨论金融业内利益冲突的原因及危害。

① 引导学生讨论金融行业内利益冲突的原因。这主要包括以下内容：金融机构在搜索和辨识信息方面具有的优势。信息具有范围经济的效应，也就是金融机构向不同的客户

提供不同的服务。在此过程中，把同样的信息资源使用在不同的服务上，可以降低每一项服务的信息成本。但是不同的客户利益可能不一致，他们之间的存在利益冲突。

② 利益冲突会导致金融机构或其雇员隐瞒信息或提供虚假信息，从而损害客户的利益，降低金融市场的效率。要求学生举例说明，比如次贷危机中的信用评级行业和投资银行业、"安然事件"中的安达信会计师事务所的问题等历史上因为职业道德问题引发的危机或重大事件。

(2) 讨论限制金融行业内不道德行为的途径。引导学生讨论金融行业内不道德行为的途径，主要从两个方面进行讨论：

① 金融从业人员的职业道德角度。金融从业人员清楚意识到利益冲突下将产生的道德问题(金融职业道德的讨论)，降低雇员的不道德行为。因此，需要加强金融从业人员的职业道德教育和培训，提高金融从业人员的职业道德水平。

② 政策制度角度。政府和行业协会制定相关政策，从而使得个人难以产生利益冲突的行为。

(3) 讨论对金融从业人员职业道德的理解以及本人未来金融从业中将遵从的行为准则。主要从以下四个方面进行讨论。

① 专业性方面。要理解和遵守本职工作相关的法律法规；在从事金融业务时保持独立性与客观性。

② 诚信方面。不从事涉嫌欺骗、欺诈或舞弊的职业行为，或做出任何与职业声誉、正直或专业胜任能力相背离的行为；不从事操控市场、误导市场参与者的行为。不滥用所获得的重大非公开信息。

③ 对客户的责任方面。金融从业人员有忠于客户的责任，必须把客户利益置于雇主或个人利益之上；在进行投资分析、提供投资建议、进行投资活动时，必须保持公平、公正、客观和谨慎的态度。在与客户的沟通过程中，坚持诚信、透明、审慎和充分披露的原则。

④ 利益冲突方面。在从事金融业务时，应该完整、公正地向其雇主、客户和潜在客户披露可能存在的利益冲突信息；当存在利益冲突时，首先保证客户利益，其次是雇主利益，最后是自己利益。

4. 思政教育效果巩固与提高的任务设置

考核包括课堂讨论和撰写与金融职业道德相关的小论文，要求内容能结合本课程的知识点和现实。其中课堂讨论中的表现占50%，小论文占50%。重点考核学生对金融从业人员职业道德的认识以及对未来金融从业中将遵循职业道德的认知。

(五) 教学方法和载体途径

1. 教学方法

通过讲授和讨论，使学生对金融行业内的利益冲突及其危害有清晰的认识，然后引入金融职业道德与金融业发展、未来从事金融行业将遵循的职业道德等方面的讲授和讨论。

(1) 讨论过程及其要求。

第一，学生分组讨论并由组长发言，其他组员补充，回答教师或其他组同学针对本组观点提出的问题。

第二，其他未发言组的同学需要认真聆听，并针对发言组的所阐述的内容提出针对性的问题。通过此步骤，促进学生参与到课程知识点和相关课程思政内容的讨论，提高学习效果。

第三，教师根据讨论内容和主题进行引导，同时针对学生发言的内容进行点评和提问，引导学生树立正确的金融职业道德观。

(2) 讲授过程及要求。教师讲解授课内容时要结合金融职业道德进行分析。在讲授过程中，采取随机提问的方式引导学生思考问题。在被提问学生回答时，其他同学可以主动补充，教师起引导作用。

讨论和讲授流程的设置要充分考虑对学生形成激励机制，使得学生积极参与到问题的讨论中，对金融职业道德与金融职业生涯发展进行深入的思考和分析，从而树立正确的金融职业道德观，进而有利于形成家国情怀，树立正确的价值观。

2. 教学模式

主要的教学模式为引导—发现(问题探究式)。

(1) 通过教师讲授专业知识点并融入思政内容。讲解知识点：金融行业内的利益冲突及其危害、金融职业道德。以此为思政融入点，引导学生讨论和思考金融职业道德与我国金融业发展、金融市场稳定以及国家经济长期稳定发展的关系，培养学生的家国情怀和诚实守信的价值观。

(2) 通过让学生讨论自己在未来金融职业生涯中应该遵循的职业道德标准，引导和培养学生树立正确的人生观和价值观。

3. 信息化载体

"金融学"课程在传授专业知识、培养能力的同时，以潜移默化的方式实现立德树人、教书育人的功能。

第一，要充分利用现代信息化教学手段，比如学习通、上课啦、学校网络教学平台等信息化教学资源。同时，上课过程中增加课堂教学的互动，综合利用各种教学方法组织教学，调动学生学习的积极性和主动性。

第二，在本思政案例设计中，融入金融行业应该遵循的职业道德，正确处理客户、雇主、自身利益的关系，在这些不同主体存在利益冲突时应该遵守的原则和处理办法。把专业课内容与学生未来职业发展相关联，从而激起学生对学习的兴趣。

第三，设置合理的考核评价模式，课程考核融入思政评价维度。在课程考核中，把外部驱动力与学生内在学习动机相融合，形成合力，促进课程思政内容的落地，使得课程思政育人的效果真正融入学生的人生观和价值观中。

(六) 教学成效和教学反思

本案例以次贷危机为例，以评级机构的咨询业务和评级业务利益冲突行为与次贷危机的爆发之间的关系为引入点，引导学生讨论金融机构的利益冲突可能导致的危害。通过分析和讨论金融机构产生利益冲突的背后的深层次原因和机理，从而让学生对金融机构和金融从业人员的利益冲突及其危害有一个清晰的认识。

　　鼓励学生根据专业知识和搜集的资料,分析和讨论限制金融业内不道德行为的途径,并根据平时所学的专业知识和思政知识,从自身未来金融从业生涯的角度,讨论金融从业人员应该遵从的职业伦理和职业道德。

　　本案例以具体鲜活的金融行业历史事件为例,融入金融从业人员职业道德教育的相关内容,不仅培养学生应用金融知识分析现实世界的能力,同时塑造金融学专业学生良好的职业道德观和人生价值观。

十四、当代大学生世界公民角色认知

赵媛媛　外国语学院

(一) 课程基本情况

课程名称：综合英语
课程学时：64
课程学分：4

(二) 思政育人目标

围绕"综合英语"课程中"成为世界公民"的话题开展课堂教学活动，旨在从知识传授、能力培养和价值引领三大方面实现思政教学目标，加深当代大学生对"世界公民"的概念、世界公民精神和其实践方式以及世界公民角色认知的学习和思考。本案例融合"综合英语"课程的专业教育要求和高校课程思政德育目标，力图实现如下育人目标。

(1) 知识传授目标。本案例确保学生掌握"世界公民"术语的定义以及它的历史演变，让他们了解中国在培养世界公民意识方面的相关制度和方针政策，实现专业知识的教授和传承。此外，本案例还会培养学生创新、开放、共享的发展理念以及系统思维和历史思维等科学思维能力。

(2) 能力培养目标。本案例培养学生掌握与世界公民议题相关的英语听、说、读、写、译等基本语言技能。学生通过掌握的英语技能实现跨文化交流和沟通的目的，在讲好中国故事的过程中搭建中外友好交流和合作的平台。同时，本案例让学生在承担世界公民的职责时，认识到学习并传承中国传统文化的必要性和时代意义。

(3) 价值引领目标。本案例以政府十九大报告内容以及时事政治为课堂学习和讨论素材，帮助学生了解新时期国家制定的发展方针以及新时代的发展脉络，让其树立制度自信和文化自信，积极践行社会主义核心价值观。通过实践课堂活动，让学生学习思考全球化背景下如何坚持中国特色社会主义道路以及建构新式世界公民身份。

(三) 与专业教学内容相结合的思政育人映射与融入点

讲授"成为世界公民"时，思政育人映射与融入点如表 14-1 所示。

(四) 教学实施过程

本案例通过教授、讨论以及问答和习题的结合完成课前预习—课中讲解讨论—课后问答反馈三阶段的教学实施过程，达到理论与实践、专业知识点与思政价值观的有效融合，具体如表 14-2 所示。

表 14-1　综合英语课程的思政育人映射与融入点

专业知识、技能	思政育人映射与融入点
1. 听与说：教师通过讲解"世界公民"的概念和意义演变以及阐释相关主题视频，锻炼学生的英语听力和口语表达能力 2. 读与译：学生阅读十九大政府主题报告，训练英语翻译技能，并就个体所承担的职责展开课堂讨论 3. 思与写：学生基于前期的课堂知识教授，围绕"如何培养世界公民精神"话题进行资料查询、观点书写、小组讨论和汇报	1. 教师讲解中国面对全球化发展潮流应该承担的历史使命和职责，同时以政府十九大报告提出的"人类命运共同体"理念为例讲解术语内涵、英文翻译和讨论，训练学生的英语口语和翻译技能。从政治信仰方面培养学生的大局意识，树立其制度和文化自信，让他们通过学习本案例深入理解新时代中国特色社会主义思想的内涵和历史发展 2. 本案例在训练学生思考"个体如何培养世界公民精神"环节，融入与话题相关的时政热点、国内外社会新闻，引导学生发掘身边普通人践行"世界公民精神"的实例，让学生通过实际案例分享明确自身成长职责和未来发展方向 3. 本案例通过学生展示汇报的方法，检查学生对"世界公民"这一理论内涵的实际理解和掌握情况。教师通过组织跨文化交际活动锻炼学生的口语沟通、团队合作和独立思辨能力，帮助学生树立社会主义核心价值观，让学生了解全球化背景下坚持中国特色社会主义道路面临的挑战和机遇

表 14-2　教学实施过程

授 课 环 节	教学内容和实施过程
1. 课前预习 该环节旨在锻炼学生英语阅读、听力、写作等专业技能，同时培养学生的团队合作和沟通能力	(1) 通过提问＋启发实施。 问题导入：教师课前上传阅读资料和视频到课程群，学生针对课前问题进行预习，思考"世界公民"术语的概念和产生缘由； (2) 学生总结视频内容并发表自己的见解，教师引导学生结合英语专业的实际情况思考自身社会身份
2. 课中讲解与讨论： 该环节旨在加强学生对中国传统文化的了解和学习，提升他们的人文情怀，实现个体差异与集体共性间的和谐对话，引导他们思考作为世界公民自己该承担的职责以及社会和世界影响力	通过问答＋理论讲解＋案例分析讨论＋汇报实践实施： (1) 讲解："世界公民"术语产生的社会背景和时代诉求，学生最终掌握"世界公民"的基本定义以及内涵的演变； (2) 翻译：学生通过对政府工作报告中关于"世界命运共同体"话题的翻译练习和习题抢答，加深理解中国在全球化发展中的角色和职责； (3) 案例分析：学生回看相关话题的 TED 视频并分享对大学生作为世界公民这一角色定位的思考； (4) 讨论：学生围绕"当代大学生如何培养世界公民精神"话题展开课堂讨论和对话，汇报自己对国家和个体在全球化时代所承担的职责和大学生建构世界公民身份的思考和困惑； (5) 汇报：学生通过关注社会新闻和时事热点，探寻、选择和讲述发生在自身周围的践行世界公民精神的实际案例，并通过小组汇报的方式让学生就所选事例展示他们对"世界公民"核心精神的独立思考

授 课 环 节	教学内容和实施过程
3. 课后反馈	通过线上线下作业批改 + 反馈实施： （1）作业及互评：学生提交小组作业并进行相互评价，同时向老师反馈自己对课堂内容和教学效果的建议； （2）学生结合所学知识和技能思考世界公民身份与国家民族身份间的辩证关系，了解和辩证看待多元文化世界观和价值观，从而锻炼系统思维、创新思维、辩证思维等科学思维能力，加深理解和践行文明和谐、自由平等的社会主义核心价值观

(五) 教学方法和载体途径

本案例的设计遵循理论与实际相联系、历史和现实相映照以及共性与个性相结合的教学原则；它以遵循学生在学习过程中的独特体验为前提，注重教学内容的价值取向，实现课程专业教育与思想政治教育相互融合的目的，呈现由大到小、点面统一、逐层递进的教学效果，达到教与学、思与行的有机互动，具体教学方法与载体途径如表 14-3 所示。

表 14-3　教学内容与载体途径

教 学 内 容	教 学 方 法	载 体
教师梳理"世界公民"的基本概念，讲解它的历史发展演变、社会背景和时代意义	教师以启发式、分析式、互动式教学方法为主，引导学生自觉思考"世界公民"概念的内涵和演变	教师在学校泛雅平台上传预习资料和视频，和学生在学习群里及时交流信息
教师从世界发展趋势转到中国自身发展层面，再到具体个体层面，讲解国家和个体面对全球化趋势应该如何思考自身在国际合作与发展中的位置与承担的职责，引导学生思考实践世界公民精神的具体方式	教师以课堂讲授、小组讨论、竞猜答题、翻译实践、演讲汇报等教学方法夯实学生英语语言技能，提升他们同其他文化和谐交流的能力	教师 PPT 演示以及课堂播放"世界公民"主题的 TED 演讲视频和政府工作报告等视频资料
通过从理论到实践的逐步探析，大学生不断加深对"成为世界公民"这一话题的了解，实现专业知识点的讲解到价值观念培养的衔接	教师以案例研讨、课后作业、快速抢答和总结式互动教学方法等帮助学生实现有效合作学习，从而锻炼他们的英语语言技能、独立思辨能力、人文情怀和国际化视野	教师采用多媒体教学工具、PPT 演示以及问答等手段进行教学；同时通过泛雅平台或其他线上线下途径进行师生信息反馈

(六) 教学成效和教学反思

1. 教学成效

知识传授方面，学生授课前期已经对"世界公民"概念的时代意义有基本的了解，对全球化影响和人类在全球化背景下的生存状态有基础认知。通过教师讲解实践本案例，学生会更专业地掌握该概念的内涵及历史演变，全面深入思考自身职责。

技能培养方面，学生基于前期的补充知识能熟练运用语言技能完成翻译实践和小组讨论活动。

价值引导方面，学生会对世界公民身份与民族和国家身份间的辩证关系提出疑问，课堂答疑和讨论环节能够培养学生的科学思维以及国际化视野。

本案例通过完成课前预习提纲，课堂教授以及观点汇报和分享，课后交流和反馈实践教学成效的完整的教学流程，训练大学生的科学思维习惯，加深他们对社会主义核心价值观的理解。

2. 教学反思

通过课堂教学、讨论和沟通，学生能够逐步加深对"世界公民"角色的认知和思考，但教师还要增加理论知识传授的趣味性，选取更丰富且有代表性的"世界公民"与当代大学生联系的现实例子，还要继续挖掘和深化思政融入点的深度以及考核方式的多样性。

十五、"洪水猛兽"的辩证、理性引导

——网络新闻评论问题剖析

林新华　人文艺术与数字媒体学院

(一) 课程基本情况

课程名称：新闻评论
课程学时：32
课程学分：2

(二) 思政育人目标

当下的网络用户，文化水准较高。他们不仅要从网络上获知新闻，更有一种"期待"，即想进一步了解新闻的背景并在此基础上展开对事件未来趋势的预测。网络评论是在认同公众一般看法的前提下，进一步提出深层次的问题，来引发网民的思考，使网民对新闻的认识由单纯的感性向有深度的理性转变，即新闻认识的深化。因此，我们可以利用网络评论的特点，结合"新闻评论"课程中"电视、网络新闻评论"的内容，在课堂讲授的过程中对未来的新闻传播工作者予以启发，使其树立"以人民为中心"的意识、注重个人品德的修养，在今后的工作中弘扬以爱国主义为核心的民族精神，以实现网络舆论环境向着良性循环方向发展。

(三) 与专业教学内容相结合的思政育人映射与融入点

"新闻评论"课程的思政育人映射与融入点如表 15-1 所示。

表 15-1　新闻评论课程的思政育人映射与融入点

专业知识、技能	思政育人映射与融入点
网络评论中存在的问题	1. 从"以人民为中心"的高度出发，充分发挥网络媒介的优势； 2. 弘扬以爱国主义为核心的民族精神，解决网络评论中的道德失范问题； 3. 从注重个人品德修养的角度理性对待众多类型的网络评论，提升网络评论的原创性

(四) 教学实施过程

(1) 课前让学生从熟悉的新闻现象和事件切入，搜集自己感兴趣的题材的相关评论若干；让学生搜集自己在网上发表的评论；教师提供有关"朱自清的《背影》被剔除出中学语文教科书"和"北大毕业生的'眼镜肉店'现象"两则新闻的相关网络评论，让学生先展开比较并做深度思考。

(2) 课堂上讨论老师所提供的两则新闻事件的网络评论；学生展示自己搜集的资料，包括自己展开的网络评论；师生一起讨论。

(3) 教师最后归纳总结网络评论中存在的问题并提出一些解决的途径，展望网络新闻评论未来的发展趋势。

(五) 教学方法和载体途径

随着互联网的深入发展，中国网民的数量越来越庞大。为了增加访问量，积聚人气，提升用户的黏性，各大网站都采取了许多措施。而在这个"内容为王"的时代，网络新闻媒体似乎已无力为所有用户提供他们所需要的所有信息产品，最好的途径就是让他们自己生产信息。因此，在这样的状况下，网络新闻评论就显得尤为重要。为此，我们讲授分析网络新闻评论时，从当前的一些现象入手，进而探讨网络社会的责任问题。具体步骤如下：

(1) 从网上热议的"北大毕业生的'眼镜肉店'现象"和"将朱自清的《背影》剔除出中学语文教科书事件"为切入点，将相关的材料呈现出来之后，引导学生进行归类、分析。

以北大毕业生"眼镜肉店"相关评论为例，启发学生对相关评论做归类提升。

① 也说"陆步轩现象"(http://cpc.people.com.cn/pinglun/n/2014/1117/c390722-26040999.html)。

② 北大卖肉才子陆步轩出书与所谓"淡出"(http://news.sohu.com/20050409/n225099213.shtml)。

③ 眼镜与肉店(http://blog.sina.com.cn/s/blog_163e3c79a0102wygh.html)。

④ 交锋：又一陆步轩?北大培养知识失业者？(http://news.163.com/2004w02/12454/2004w02_1076055673088.html)。

以《背影》的相关评论为例，启发学生对相关评论做归类提升。

①《愚公移山》、《背影》等遭炮轰 语文教材名篇的时代"厄运"(https://learning.sohu.com/20140520/n399783447.shtml)。

② 因交规删除《背影》，又剔除民族英雄岳飞，我们的教育怎么了？(https://www.163.com/dy/article/FOGO0QG00543L3KF.html)。

③ 有必要从教材中删除《背影》吗？(http://news.xtol.cn/2010/0705/142328.shtml)。

④《背影》该不该从中学课本中删除？ (http://blog.sina.com.cn/s/blog_4941e1250101e5f9.html)。

⑤ 我们为什么会相信《背影》被删的误传 (http://news.hebei.com.cn/system /2014/05/23/013416496.shtml)。

最后进行总结。先找出网络互动性的几大形式：网络与传统媒体互动、网络与网络的互动(多个网络共同策划、超级链接、网友参与进来评论)、网络和网民的互动(互动入口)、网民之间的互动(BBS、聊天室)，再得出网络评论存在的三大形态(即时新闻评论、延时新闻评论(言论库)、媒体论坛)，进而梳理出网络新闻评论的特点(更强时效性、开放性、互动性、随意性)。

(2) 在此基础上，教师引导学生将网络新闻评论与先前讲授过的新闻评论形式做比较，让学生意识到网络新闻评论中的议程设置功能在削弱。由此，我们要积极引导学生——作为新时代的新闻传播工作者要有更强的责任意识，要提升自身的个人品德，从良莠不齐的网络信息中梳理出正面的、带有正能量的新闻事件和现象，接榫人民的感受和接受水准，积极传递以爱国主义为核心的民族精神。

(3) 以《政府要不要给兰州拉面评等级》《干部砸民居仅道歉是不够的》两篇网络评论为例，分析网络新闻评论在语言文字上缺乏理性、易于偏激等特点，引导学生运用之前教学中所养成的辩证思维特质去看待问题，进而在未来的新闻工作中影响我们的受众。

(六) 教学成效和教学反思

随着使用网络成为习惯，大家都有一个基本固定的 ID，网络社区也就逐渐形成。学生也是这一虚拟社区中的主要成员之一。因此，通过对网络新闻评论相关知识的梳理，并深入到文化层面进行剖析，在学生的心灵深处激起波澜。

(1) 通过网络热议现象的探讨可以从各个学生的发言中得知其对待网络评论所涉及对象的态度，找出传播学专业的学生在对待网络评论的态度上与作为新时代新闻传播人应有的态度之间的差别，并对学生心灵世界中在"以人民为中心"还是以"自我"为中心等方面的问题展开评估，为后续新闻传播人才培养规划的制定提供参考。

(2) 先从学生的发言中梳理出传播学专业的学生在针对上述热议现象时受到各种观点影响的程度。再从讨论中分析、引导学生对网络新闻评论所涉及的问题、现象应有的态度和倾向，使其树立起"以人民为中心"的意识，注重个人品德的修养，弘扬以爱国主义为核心的民族精神，以实现网络舆论环境向着良性循环方向发展。

十六、走进俄罗斯

——抬眼 1917

马祥飞　外国语学院

(一) 课程基本情况

课程名称：走进俄罗斯
课程学时：32
课程学分：2

(二) 思政育人目标

通过对俄罗斯 1917 年历史的梳理和讲解，带领学生回到曾经苦难黑暗的沙皇俄国，从新视角增强学生对俄国革命，尤其是二月革命、十月革命的认识，引导学生扩大国际视野，提高其独立思考能力、分析和解决问题能力、语言表达能力。让学生运用所学理论分析我国近代国情，明确中国共产党执政的迫切性和必然性，树立家国情怀，体会新中国的来之不易。

(三) 与专业教学内容相结合的思政育人映射与融入点

讲授"从俄罗斯的 1917 看向中国近代"时的思政育人映射与融入点如表 16-1 所示。

表 16-1　走进俄罗斯课程的思政育人映射与融入点

专业知识、技能	思政育人映射与融入点
从俄罗斯的 1917 看向中国近代	通过俄国民众在道路转折期的探索和努力来引入我国近代各阶层为中华民族救亡图存做出的种种尝试，并明确无产阶级专政是我国近代国情和人民的必然选择

(四) 教学实施过程

1. 学情分析

授课对象是以杭州电子科技大学圣光机联合学院为代表的全校学生。学生大部分是理工科背景，中学时对俄罗斯历史文化多少有些了解，但对具体的历史变革过程存在模糊认知，对国内外部分史实的观点更新较慢。

2. 教学过程

教学过程为线上预热、课堂引入、讲授、参与讨论、线上评测。

1) 线上学生感知

课前登录学校网络教学平台观看电影《列宁在十月》片段，对本讲内容的背景知识有大概的认识和预期。

2) 课堂教师导入、讲授，学生参与讨论

(1) 带领学生回顾上讲内容，沿着时间脉络，来到1917年的俄国，通过油画《伏尔加河上的纤夫》一起感受当时俄国劳苦大众艰难的生活状况。

(2) 给出以下导入材料，请学生通过数据猜测十月革命前俄国的社会经济状况，了解当时困扰俄国社会的多重矛盾。

投影材料：19世纪末20世纪初，俄国进入了帝国主义阶段。第一次世界大战前，垄断组织已分布于各工业部门，在国家经济生活中起决定性作用。俄国是小农经济占优势的国家，农业人口占全国人口的4/5，无产阶级在全国人口中占少数，工业产值占国民经济总产值的42.1%。1913年，按人口计算，俄国的钢产量只及美国的1/11，德国的1/8，英国1/6，法国的1/4；石油产量只及美国的27.1%。俄国的国民经济人均收入只及美国的1/7，英国的1/5，法国的1/4。俄国在经济和政治生活中存在严重的封建农奴制残余，农村保留有贵族地主大土地所有制和封建剥削形式。1901年，西欧资本家向俄国工业和银行投资约10亿卢布，控制了俄国工业中最重要的部门。俄国无产阶级受剥削、压迫特别严重，工作时间一般长达10小时，但工资低微(1910年俄国工人的工资相当于美国工人工资的1/3)。

① 革命爆发的条件。教师与学生互动，归纳分析十月革命爆发前俄国的社会经济状况。作为帝国主义国家，俄国的经济实力明显较弱，严重落后于西方。沙皇专制和农奴制残余与工人阶级的矛盾尖锐。

② 革命的进程。讲解布尔什维克攻占冬宫的过程，引导学生掌握十月革命进程中重大的历史事件及相互间关系。

③ 分小组探讨此时的俄国与近代中国的异同，思考为什么只有共产党才能救中国，只有共产党才能发展中国。十分钟的组内讨论后，每组派代表阐述本组观点。按照表达清晰、内容丰富、逻辑合理、论点鲜明、论据充分五个层面请其他小组和教师对各组代表发言进行群内投票打分，由课代表统计核算分数并公布该组发言的最终得分。

(3) 教师总结各组发言并指出：曾经的近代中国，也像沙皇俄国一样，经历过极度黑暗、极度贫弱的境地，甚至曾受到多国入侵，险些彻底沦为半殖民半封建社会。当时的中国也有大批探索者不断寻求救国之道和建国方略，有一组、三组提到的对封建阶级自身进行改良的维新变法，有二组、六组阐述的起势迅猛却抵不住帝国列强和封建势力联合绞杀的义和团运动，有四组、五组指出的孙中山努力建立却一再受挫的资产阶级共和国，但他们无一不彻底失败。直至1917年俄国十月革命一声炮响送来了马克思列宁主义，我们才得以成立能够代表最广大人民利益的中国共产党，才使中国革命有了新的方向。同学们，饮水思源，有了中国共产党的带领，有了全国人民长期的、艰苦卓绝的斗争，有了一代代先辈付出的巨大的牺牲，才有了我们现在独立富强的国家，有了我们岁月静好的生活。

3) 线上自我评测和期末考核

针对课上内容设置在线闯关测试，在教学平台通过本课闯关的同学在本学期末有权选取本讲内容相关主题完成期末考核论文。期末论文评分以选题是否新颖、论据是否充分、论点是否鲜明并富有家国情怀为标准。

3. 课后作业及思考

观看电影《列宁在 1918》片段，思考列宁如何在内忧外患的情况下领导新生无产阶级政权走向胜利。备阅书目：李大钊的《法俄革命之比较观》。

(五) 教学方法和载体途径

在教学方法上，本案例区别于传统课堂，以教师为主导，以学生为主体，以互动、合作为导向，以拓展国际视野为目标，在宽松的氛围中有计划地让学生整合分析资料、提取有效信息、表达交流思想、客观评价史实，实现了由教师的大量输入到学生的自主输出。在载体途径上，本案例从实际出发，充分利用课前电影、课上提问、小组讨论、全员打分、课程论文等各种形式来激发学生兴趣，做到了全员积极有效参与。学生课堂表现分数不仅由教师决定更需要全体同学打分。通过简单的通关测试才有资格选取本讲相关题目做期末论文。这些方式对学生来说具有挑战性，更能使学生具有获得感。

(六) 教学成效和教学反思

首先，学完本课，不论是圣光机学院还是全校各专业的学生均对俄国十月革命有了深入系统认识，部分学生还提出了不同论点，从新的视角看待俄国革命时的情况。其次，知识讲解与思政教育衔接自然，对学生的影响能达到润物无声的效果。在介绍俄罗斯革命进程后，非常自然地引入中国近代现状，结合当时的国际形势，从不同维度带领学生回顾了近代中国曾遭受的巨大苦难，激发学生感念先辈贡献，珍惜美好当下。再次，在讨论和代表发言环节，大部分学生能按照教师的引导，正确理解十月革命给中国和世界带来的巨大影响，纷纷表示要居安思危，不忘过往。思政育人的成效也在代表发言、闯关测试、期末论文中清晰体现。针对课上突发事件，教师还需要多积累经验。特别是课堂上有些学生思维活跃，提出了意想不到的问题或独树一帜的观点，教师应发挥主导作用，灵活变通，合理引导。

十七、模拟联合国英语演讲问答

锦囊妙计之"梯子"战术

任利　外国语学院

(一) 课程基本情况

课程名称：英语演讲与口才

课程学时：32

课程学分：2

(二) 思政育人目标

"英语演讲与口才"课程教学模式如图 17-1 所示，采用互联网+现代信息技术手段与方法与传统课堂教学相结合，以习主席"6 个下功夫"为精神内核，以"新六艺"为教学内核。课程目标将学习交际策略、英语语言运用能力发展融为一体，跨文化能力、思辨能力提高并重，把实践能力与终身学习能力培养融合，旨在培养一批掌握语言技能，具有跨文化意识、思辨能力，能实现自我发展的时代新人。

图 17-1　课程教学模式

本案例结合"英语演讲与口才"课程的"演讲即兴问答"内容，所设定的具体思政育人目标如下：

(1) 强化学生的制度自信、文化自信，开展国际交流，讲述中国"战疫"故事。

(2) 帮助学生树立社会主义核心价值观，理解新时期坚持党的领导的必要性。

(3) 引导学生分析在国际舞台上中国崛起所扮演的角色，思考在全球化背景下坚持中国特色社会主义道路面临的挑战及应对策略。

(4) 使学生掌握在公共演讲场合有理有节抗议和反驳西方某些媒体借疫情所散布的各种谬论的策略及技巧。

(三) 与专业教学内容相结合的思政育人映射与融入点

问答环节是英语演讲常见的一部分。临场问答不仅训练演讲者的临场反应和英语语言组织能力，同时也为演讲者增加了进一步跟听众沟通交流的机会，其重要性不容忽视。本案例以演讲问答"梯子"策略为教学重点，具体思政育人映射与融入点如表17-1 所示。

表 17-1　英语演讲课程的思政育人映射与融入点

专业知识、技能	思政育人映射与融入点
1. 路演、宣讲会问答环节的准备方法 2. 应对现场提问的常用策略 3. 高效倾听与提问的方法 4. 常见 PRESENTATIONS 的形式及应用场景 5. "中国'战疫'模拟联合国宣讲会"框架及流程	1. 分析谭德赛在新闻发布会上是怎样有理有据地回应强词夺理的提问记者 2. 分析评论《华尔街日报》文章 "REAL SICK MAN OF ASIA"，并反驳抨击这种歧视抹黑中国，践踏人类文明底线的行为 3. 通过模拟联合国宣讲会中国"战疫"故事，思考如何消除误解、建构与传播好国家形象，承担起当代大学生的责任与使命

(四) 教学实施过程

1. 通过网络教学平台发布课前任务单

(1) V95-Preparing Questions。观看知识点视频，思考所准备的宣讲会内容最佳呈现方式。

(2) V96-Seven Strategies of Q&A Session。观看知识点视频，结合 WHO 新闻发布会答记者问环节思考问答策略的运用。

(3) V20-Strategies for Active Listening。观看视频，做好笔记，养成良好倾听习惯。

(4) V93-Group Presentation。观看知识点视频，思考"中国"战疫"模拟联合国宣讲会"形式。

(5) 阅读《华尔街日报》上撰文标题为 "REAL SICK MAN OF ASIA"，思考如何抨击反驳。

2. 线下课堂活动

线下课堂活动步骤如图 17-2 所示，牢抓学生注意力，确保学习状态，强化三维立体互动，提升教学效果。

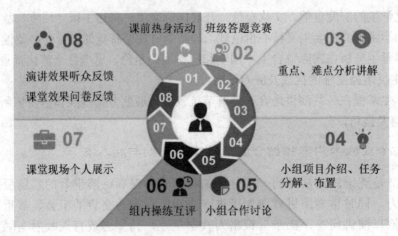

图 17-2　线下课堂活动步骤

(1) 英语热身训练(5 分钟)。
- 气息、声音趣味训练。
- 中国"抗疫"知识快问快答。

(2) 复习检测、重点讲解(10~15 分钟)。
- 趣味网络互动游戏 LIVE SHOW(https://quizlet.com/93680716/liveshow)。
- 分析谭德赛在新闻发布会上是怎样有理有据反驳强词夺理的提问记者的。
- 讨论问答环节"梯子"策略的选择和应用。

(3) 组间讨论、操练 (10~15 分钟,教师轮转各组)。
- 小组讨论准备"中国'战疫'模拟联合国宣讲会"中的提问环节。教师模拟观众提问,小组成员现场回应。
- 小组讨论如何反驳抨击"REAL SICK MAN OF ASIA"这种歧视抹黑中国的行为。各组总结讨论结果,选好发言代表。

(4) 成果展示 (5 分钟,教师反馈)。
- 组内推选学生示范回应并驳斥"REAL SICK MAN OF ASIA"。
- 学生投票,评选出本次课的"论辩之星",教师点评反馈。

3. 课后反思拓展

(1) 必做。小组团队根据"中国'战疫'模拟联合国宣讲会"流程,进行模拟彩排,并将现场录制视频上传至网络教学平台。

(2) 选做。
- 登录国际主流网站平台,在"战疫"话题下,与国际网友讨论互动。
- 填写演讲反馈问卷、分享评估数据,完成演讲技能解锁打卡升级路径图。
- 根据每次知识点的课后叙事、成果分享及视频录制建立一套个人过程档案。

(五) 教学方法和载体途径

1. 学生为本、语言为器、六艺为道、技术为用

(1) 学生为本。学生在教学中应始终处于主动地位,要促使学生去主动调查、探究、学习、创造。通过"模拟联合国宣讲会"的课堂项目设计，激发学习积极性，培养学生掌握和运用知识的态度和能力，启发学生主动探知、积极思考。

(2) 语言为器。英语演讲教学既要提升英语语言技能，又要跳出语言，让学生能够从演讲内容反躬深思，真正理解演讲的核心本质。学生通过参与"模拟联合国宣讲会"课堂项目认识到在国际社会中中国的大国担当和现实意义。

(3) 六艺为道。结合"模拟联合国宣讲会"课堂项目，引导学生思考疫情给全人类带来的影响并树立人类命运共同体理念，提升学生的思辨能力、演讲能力、分析能力，拓展学生的国际视野，开展跨文化交流，使他们具有强烈的时代责任感，成为全球化公民。

(4) 技术为用。在智慧环境中，学生能够充分利用互联网+各类智慧学习平台(网络教学平台、iTEST、iWRITE、中国大学 MOOC、QUIZLET、国外主流社交平台、直播平台)，按需获取学习资源，灵活自如开展学习活动，并尝试使用最新的人工智能深度学习网站等实现信息投递、知识众筹，以及学习数据搜集和反馈。

2. SPOC + PBL 立体互动教学模式

项目式教学法把课堂还给学生，强调课堂启发、体验式教学，使课堂具有"沉浸感、交互性、想象力"。挑战性的课堂项目及丰富的项目材料促使学生积极主动调查、探究、学习、创造。通过线上线下师生、生生、生网互动教学模式(如图 17-3 所示)及多样的课堂互动形式，如欣赏体验、典型例证、交互体验、成果体验，培养和激发学生学习的积极性，强化学生思维能力的发展和自主学习能力。

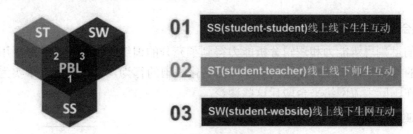

图 17-3　立体互动教学模式

本案例项目设计以中国"战疫"模拟联合国宣讲会为核心框架，通过线上线下多种互动形式提升课堂的现场感与参与度，强调英语演讲的实境场景运用。线上互动流程如图 17-4 所示，学生课前完成课程网络平台任务，开展团队在线合作；课后学以致用，利用网络在国际平台、西方主流英语视频网站等发布"战疫"英语演讲视频，进行跨文化交流互动。

图 17-4　线上互动流程

3. 信息化载体

(1) 世界卫生组织新闻发布会视频(谭德赛力挺中国)。

(2) 华尔街日报抹黑歪曲中国"战疫""REAL SICK MAN OF ASIA"。

(3) 谭德赛现场问答策略技巧分析微视频。

(4) 中国"战疫"大事记线上趣味小测验。

(六) 教学成效和教学反思

本案例设计以学生为中心，结合社会热点，针对当代大学生特征整合互联网各类平台，运用多种媒介和手段，引导学生积极自主探究、分析、操练、运用、评估、反思英语演讲问答环节的应对策略。

1. 语言能力目标

学生对于演讲问答相关知识点展现了极大的探究欲望。课堂讨论非常活跃，尤其是问答环节策略的讨论和活动。不过，随着"战疫"相关话题的深入，学生的知识面和语言能力的局限性逐渐显露，授课应注意控制知识点延伸度。

2. 演讲技能目标

通过情境模拟训练，学生体验并熟悉了小组演讲的形式及组织流程，学会灵活应用演讲问答环节"梯子"战术，扎实掌握了问答环节的基本准备方法及流程，提升了临场应变的能力。

3. 综合能力目标

学生的批判思辨能力和逻辑分析能力得到了充分的训练。学生基本掌握了用理性、公正、客观的方法来分析批判某些西方媒体污名化中国的行为，并学会了以事实为依据、有理有节地在国际主流网络平台驳斥这些谬论。

4. 思政育人目标

疫情对任何人、任何组织和政府来说，都是全新的挑战。国际社会对中国"战疫"有非常正面的评价，但也应注意到有一些负面歪曲事实的声音影响了部分外国人对中国文化、对中国人的认识。在"后疫情"时代，通过本案例的教学，每位学生都意识到必须扭转西方这种惯常的西方中心主义视角，为中国正名。

十八、身体的心理学

——我们的身体里住着医生吗？

陈珺　外国语学院

(一) 课程基本情况

课程名称：大学英语精读
课程学时：32 学时
课程学分：2

(二) 思政育人目标

(1) 以 "积极心态带来身体状态的改善" 为切入点，倡导大家在疫情期间调整好心理状态，保持心理健康，在关注疫情、抗击疫情的同时，维系日常、静心学习。

(2) 结合教材中大量医学相关词汇的学习，引导学生在课堂内分享 "一线抗疫故事"，并将 "中国医生的奉献" 作为篇章翻译的主题，以弘扬不畏艰难、锲而不舍、逆行而上的中国精神，增强爱国感情。

(三) 与专业教学内容相结合的思政育人映射与融入点

在讲授英语精读课文时的思政育人映射与融入点如表 18-1 所示。

表 18-1　英语教学中的思政育人映射与融入点

专业知识、技能	思政育人映射与融入点
精读课文 "Is There a Doctor in the Body" (我们的身体里住着医生吗？)	1. 进行疫情期间的心理健康教育，鼓励、帮助同学在这段特殊时期保持心理健康，以更好的心态投入学习与生活 2. 结合课文中大量医学相关词汇的学习，教师设置口语练习和翻译练习，邀请学生分享各自所了解的一线抗疫先进事迹，以弘扬不畏艰难、锲而不舍、逆行而上的中国精神，增强爱国感情

(四) 教学实施过程

(1) 教师带领学生阅读课文，由课文观点引入心理健康话题，询问学生最近的心理状态。

(2) 教师与学生一起用英文讨论如何在这段抗击疫情的特殊时期保持心理健康，以良好的心态投入学习与生活。

(3) 教师引导学生学习课文中大量的医学、疾病相关词汇，围绕"新冠病毒"进行词汇拓展。

(4) 在学生习得医学与疾病相关词汇的基础上，教师布置课堂口语练习，要求学生运用所学词汇分享令自己受到触动的一线抗疫故事，弘扬中国精神。

(五) 教学方法和载体途径

1. 教学方法

以学生为中心，以输出为导向，采用讲授法、讨论法、任务型教学法。

具体教学步骤如下：

(1) 教师带领学生精读课文"Is There a Doctor in the Body"，了解"安慰剂效应"，即如果病人认为自己的身体会好转，很多时候，他们的身体真的会好转。课文中对于"安慰剂效应"的一种解释是"安慰剂带来积极的心理状态；积极的心理状态又带来身体状态的改善"。教师以这一观点为切入点，针对学生疫情爆发以来的心理状态向学生提出询问。

(2) 教师倾听回答，了解学生的心理状态和心理方面的困难。根据课堂了解，学生面对疫情的典型心理状态包括如下三类：① 相对平静如常；② 悲伤、忧虑的情绪主导；③ 居家生活导致烦闷、烦躁。

(3) 教师与学生一起讨论如何在特殊时期保持心理健康，以良好的心态投入学习与生活。教师分享疫情心理健康手册、救助平台、救助电话；学生则提出许多实用的建议。不少学生分享自身的做法，如坚持锻炼、控制浏览社交媒体的时间、制订详细生活学习计划等，还有学生倡导班级内部加强交流联系，同学之间互相帮助，一起调整心态，维系学习生活的节奏。

(4) 教师分享"方舱读书哥"和"方舱备高考"照片背后的故事，倡导学生从这些照片和事例中汲取力量，在关注疫情的同时，静心学习，积极生活。

(5) 教师引导学生学习课文中大量的医学、疾病相关词，包括"prescription, cure, heal, ulcer, seasickness, relieve"等，并围绕"新冠病毒"的主题进行词汇拓展，掌握"coronavirus, contagious disease, suspected case, incubation period, pneumonia, virus outbreak, super spread"等生词。

(6) 在学生习得上述词汇的基础上，教师带领学生进行课堂口语练习，要求学生利用所学词汇分享一线抗疫故事。在这一环节，学生通过分享各自心中珍藏的一线抗疫故事，能够真切地体会到一线医护身上不畏艰难、锲而不舍、逆行而上的中国精神，进而受到这种昂扬向上的精神力量的感召。

2. 作业

要求学生利用所学生词"cure, heal, relieve, reassurance"翻译以下段落："疫情爆发以后，全国各地医护人员驰援湖北。医生、护士们以他们高超的医术、亲切的关怀缓解病人的生理痛苦，平复他们的心理创伤。医护人员的勇敢和坚守治愈了许多新冠病人，也给全国人民带来了宽慰。"

3. 考核方式

(1) 在讨论疫情期间如何保持心理健康的环节，学生如能提出中肯、切实可行的建议，将会得到课堂表现加分，因为这样的回答能够感染、帮助其他同学以积极心态投入特殊时期的学习、生活。

(2) 在利用课上所学的医疗词汇分享抗疫故事的环节，学生如能主动分享并用英文完整讲述抗疫故事，弘扬不畏艰难、逆行而上的中国精神，亦会得到课堂表现加分。

(3) 通过完成"医护抗疫"为主题的翻译练习，学生不仅能巩固课文中的生词，也会受到医护职业精神和家国情怀的感召。

(六) 教学成效和教学反思

如图 18-1 所示，该案例通过合理引入话题、简明心理健康科普、引用优秀事迹、发起讨论、作业巩固、考核激励等多种教学形式和手段，帮助学生在疫情期间树立健康心态，积极学习生活，在学生中弘扬不畏艰难、锲而不舍、逆行而上的中国精神和中国力量，较好地呼应了教学大纲中的课程目标 4 "培养学生的家国情怀和文化自信，树立正确的世界观、人生观和价值观，特别是帮助学生树立社会主义核心价值观"。尤其是在交流"打动你的抗疫事迹"讨论环节中，学生们踊跃发言，表达了对一线医护人员的满满敬意，展现了当代大学生的家国情怀。

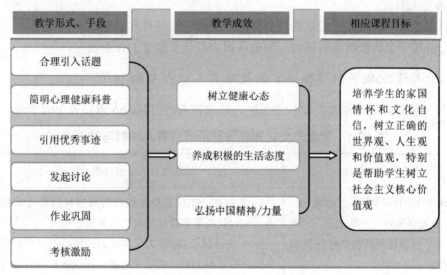

图 18-1　教学成效和教学反思

十九、从老龄福利看德国社会保障制度

马绎　外国语学院

(一) 课程基本情况

课程名称：德意志文化巡礼
课程学时：32
课程学分：2

(二) 思政育人目标

在我国全面建成小康社会，实现第一个百年奋斗目标之际，我国也面临着健全社会保障体系，应对老龄化问题的挑战。本案例主要介绍现代社会保障制度的发源地——德国的社会保障制度发展史、概貌，并以老龄福利为切入点，探讨其优势、弊端和出路所在。此外，将其与中国的老龄化问题、养老保障机制相对照。

思政育人目标：

(1) 引导学生认识并把握新的社会制度产生的历史条件和机遇。

(2) 引导学生认识到本国国情，明确我国老龄化背景下的社会责任。

(三) 与专业教学内容相结合的思政育人映射与融入点

进行"德意志文化巡礼"课程讲授时，思政育人映射与融入点如表 19-1 所示。

表 19-1　德意志文化巡礼课程的思政育人映射与融入点

专业知识、技能	思政育人映射与融入点
1. 现代社会保障制度的发源地——德国的社会保障制度发展史 2. 战后德国经济体制及社会保障制度概貌 3. 以德国的老龄福利为例，介绍其优势、弊端和改革措施，兼与我国比较	1. 新的社会制度的产生往往有着特殊的历史条件和机遇，现代化的后来者往往有机会弯道超车 2. 学习并解读《中华人民共和国国民经济和社会发展第十四个五年规划和二〇三五远景目标纲要》中的第 45 章"实施积极应对人口老龄化国家战略"和第 47 章"健全多层次社会保障体系"，引导青年认识国情，明确老龄化背景下的社会责任

(四) 教学实施过程

教学过程：课前准备、教师讲授、学生展示、教师总结并启发学生思考。

1. 课前准备

课前，学生需登录超星学习通，查看预习任务：

(1) 了解我国现行的社会保障制度，能准确说出"五险一金"的名目和大致运作原理；

(2) 上网查找数据，了解我国的老龄化状况。

(3) 一组事先报名的同学(约 4 人)，准备 15 分钟的展示。

2. 课堂讲授

教师以中国古代的"社会保障"雏形导入，由中及外，结合课件，具体介绍德国社会保障制度发展历程及"老龄福利"的概貌、弊端和改革举措。

(1) 教师引导学生思考新制度产生的背景和契机：两次工业革命带来了严重的社会问题，即"工人问题"，德国社会民主党领导下的工人运动如火如荼，首相俾斯麦为平息工人运动，采纳了新历史学派的观点，颁布三大社会保障法案——《医疗保险法》(1883)、《工伤事故保险法》(1884)和《老龄及残疾保险法》(1889)，这正是现代社会保障制度之滥觞。

(2) 教师简要介绍"德国第一个福利国家"魏玛共和国违背经济规律、导致国家覆灭的社会福利建设和纳粹德国取悦民众、带有种族主义倾向的社会福利政策。

(3) 教师介绍二战后西德、东德社会保障制度的确立和发展以及两德统一(1990)至今的社会保障制度概貌。

(4) 教师以老龄福利为例，结合图 19-1，介绍养老保险体系在当代德国的确立、发展、弊端；师生共同探讨 21 世纪以来的德国养老保险改革之利弊。

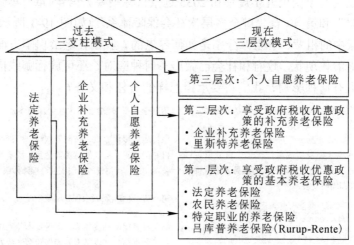

图 19-1　德国养老保险制度由"三层次模式"替代"三支柱模式"

3. 学生展示

该环节构成教师授课内容的第三点"两德统一至今的德国社会保障制度概貌"的实践性活动。该组学生以德国一个中等收入家庭为例，从养老、医疗、失业、教育等方面陈述其可以获得的福利和保障。教师从表达清晰、内容丰富、逻辑合理、论点鲜明、论据充分等五个层面对该组同学的展示进行评分，根据课程大纲，课堂展示部分计入该组学生期末成绩的 30%。

4. 启发学生思考

根据联合国人口司对"老龄化"的定义,我国已于2000年迈入老龄化社会,到2022年左右,中国65岁以上人口将占到总人口的14%,实现向老龄社会的转变。如图19-2所示,从现在到本世纪中叶是中国人口老龄化高速发展的时期,积极、科学、有效应对人口老龄化至关重要。

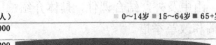

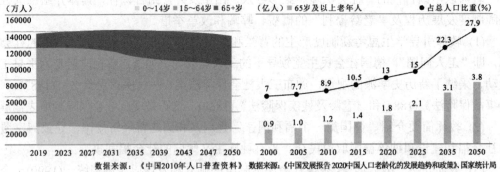

图 19-2　中国人口老龄化趋势

教师展示 2021 年 3 月 11 日十三届全国人大四次会议表决通过的《中华人民共和国国民经济和社会发展第十四个五年规划和 2035 远景目标纲要》第 45 章"实施积极应对人口老龄化国家战略"和第 49 章"健全多层次社会保障体系"(如图 19-3 所示),提问并引导学生思考:你家中的祖辈、曾祖辈分别是如何养老的?我国在老龄保障方面已取得了怎样的成就?面对老龄化现状,政府和社会已做出了何种应对?还可施行哪些措施?老龄社会对于我们年轻人有何种影响?我们将要承担怎样的责任和义务?

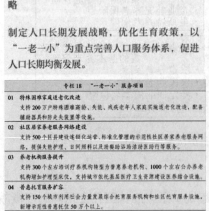

图 19-3　《中华人民共和国国民经济和社会发展第十四个五年规划和 2035 远景目标纲要》
　　　　　关于社会保障和人口老龄化战略的节选

(五) 教学方法和载体途径

1. 教学方法

本案例主要采取讲授法、讨论法和任务驱动教学法。主体内容由教师讲授；一组学生进行课堂展示；教师抛出问题，学生结合自身的认知和本讲所学内容，进行讨论并在课堂发表观点。

2. 教学模式

"传递—接受式"，即事实性的内容、分析由教师主导，学生聆听；"范例教学模式"，即学生在学习了德国的社会保障制度后，回归到我国的社保模式，结合自己家庭的经历，进一步总结归纳升华。

3. 信息化载体

教师在网络教学平台建课，推荐学生在 B 站上观看《德国历史十二讲》《德国史》等慕课和《大国崛起》《德意志人》等纪录片，喜马拉雅 APP 可收听《世界历史大师课》之德国史部分(武大李工真教授主讲)中涉及社会福利制度的音频。主要参考书目有《德国简史》《当代德国社会与文化》《社会保障概论》等。

(六) 教学成效和教学反思

1. 教学成效

(1) 总结后发国家发展规律，树立制度自信。第一次工业革命的后来者德国却引领了第二次工业革命，在国家飞速发展的同时也首创了优秀的新制度——现代社会保障制度。通过本讲的学习，学生可以了解到我国或在"第四次工业革命"——数字化革命中弯道超车，为人类贡献卓有成效的全新发展道路。

(2) 呼应我国时政热点，了解国家大政方针。2021 年 3 月通过的"十四五"规划中"实施积极应对人口老龄化国家战略"和"健全多层次社会保障体系"等两章正是顶层设计对包括老龄化在内的一系列社保领域问题的回应和对策。本讲则通过介绍德国的社会保障制度并与我国现状对比，从而使年轻人了解党和国家的大政方针。

2. 教学反思

他山之石，可以攻玉。由于基本国情和所处时代的差异，德国等西方国家较为成功的社会保障制度并不能全盘复制到我国。事实上，我国在参照、借鉴他国社保制度的基础上，已走出了一条循序渐进、符合本国国情的社会保障发展之路。这一点是教师需向学生指出的。此外，学生也要认识到我国老龄化的严峻形势并肩负起年轻一代的使命。

二十、文化交流，翻译助力

徐艳利　外国语学院

(一) 课程基本情况

课程名称：实用翻译
课程学时：32
课程学分：2

(二) 思政育人目标

本案例运用课堂讲授、提问启发、课堂讨论等教学手段，在讲授、翻译新冠疫情相关词汇和表达的基础上，结合英汉双语差异及长句翻译技巧，讲解中、美、英、欧抗疫新闻相关段落，进行课堂翻译实践练习，讨论翻译问题。通过本案例要达到如下三个思政育人目标：

(1) 语言学习与实际生活息息相关，语言传译在全球抗击疫情的过程中发挥了重要作用，面对疫情各国通力合作的必要性和重要性。

(2) 构建人类命运共同体关乎人类福祉，增强责任感与使命感。

(3) 新时代的大学生，应具有家国情怀和人类责任使命感，"风声雨声读书声声声入耳，家事国事天下事事事关心"。

(三) 与专业教学内容相结合的思政育人映射与融入点

在"实用翻译"课程中，讲授新冠疫情相关新闻段落的翻译时，可在以下方面进行思政育人的融入(见表 20-1)

表 20-1　实用翻译课程中的思政育人映射与融入点

专业知识、技能	思政育人映射与融入点
1. 新冠疫情相关新闻段落的翻译 2. 英汉两种语言的差异 3. 复杂长句翻译对策 4. 人类命运共同体的相关翻译及其意义	1. 翻译中、美、英、欧疫情新闻段落可以增强学生双语能力和翻译能力，也能让学生明了世界各国合作的重要性 2. 在此基础上引入"人类命运共同体"相关表达的翻译并提出问题，使学生在锻炼翻译能力的同时，还能进一步理解人类命运共同体的意义及其建构的必要性，增强其责任感与使命感

（四）教学实施过程

（1）在学生课前预习及翻译的基础上，与学生讨论当下新闻热点及中、美、英、欧抗击新冠疫情的相关新闻词汇、句子、段落的翻译。

（2）结合学生翻译，讲解英汉语言差异及复杂长句翻译策略。

（3）在讲解英汉两种语言差异的基础上，结合各国人民应对疫情的不同方式，讲解、讨论中西文化差异，提出跨文化交流过程中应该注意的问题。

（4）根据世界各国的抗疫形势，结合文化差异以及文化交流史，提出国家之间的合作问题，与学生讨论。

（5）在此基础上提出人类命运共同体的建构问题，引入相关表达的翻译，并提出"人类命运共同体的重大意义和必要性"问题，与学生讨论。

（五）教学方法和载体途径

1. 教学方法

教学内容涵盖时事热点阅读、英汉双向翻译实践、英汉两种语言的差异和翻译技巧讲解、文化差异与跨文化交流相关问题探讨、国际合作以及对人类命运共同体的思考，希望在提高学生英汉双语运用能力和翻译实践能力的过程中，提高学生理论联系实践的能力，从宏观角度理解国家政策、分析问题的能力，增强家国情怀和民族自豪感。

首先，简要介绍新冠疫情相关新闻段落的翻译，英汉两种语言的差异，复杂长句翻译对策，中、美、英、欧疫情新闻翻译，中西方文化差异与跨文化交流，人类命运共同体的相关翻译及其重大意义。

接下来，请学生展示自己的段落翻译作业。需翻译的段落摘自 *China Daily* 上关于武汉抗击疫情的新闻，其特点是由复杂长句构成，翻译时需要考虑句子结构，拆分句子并进行必要的转换，非常考验学生的双语运用能力。学生展示自己的翻译后，结合学生的翻译讲解英汉两种语言的差异，指出可以使用的翻译策略以及学生翻译中出现的问题，与学生讨论。

然后，由国内转向国际，引入其他国家的抗疫新闻，请学生翻译英、美、欧疫情新闻段落并展示，继续结合学生翻译实践讲解翻译复杂长句需要注意的问题和段落翻译需要注意的问题。在此基础上，指出并与学生讨论疫情凸显的文化差异及跨文化交流过程中应该注意的问题。结合塞尔维亚请求中国支援和中国援助塞尔维亚专家医疗队新闻段落的翻译，提出国与国之间的合作问题，并提出人类命运共同体这一命题。

最后，请学生翻译"人类命运共同体"以及相关表达，并提出人类命运共同体建构的必要性及构建人类命运共同体的重大意义，与学生讨论。

2. 载体途径

课堂翻译时，采用先让学生展示翻译作业再讲解的方法，由实践到技巧和理论。这样，学生对技巧和理论的理解更透彻，以后在翻译中可以用这些技巧和理论指导、提高自己的翻译实践。这种"实践—理论—实践"模式可以有效提升学生的翻译能力和理论运用能力。

在网络教学平台发布翻译作业和话题"构建人类命运共同体的必要性及其重大意义"供学生讨论。此外，发布一周热词、相关英语新闻视频供学生自学。

教学主要形式是学生翻译实践和教师讲解相结合，教师提问、启发和学生思考、回答问题相结合。考核方式为形成性评价和终极评价相结合。形成性评价包括讨论、平时作业、课堂表现。其中，课堂表现重在考核段落翻译能力、对疫情相关问题和人类命运共同体相关问题的思考能力；平时作业包括翻译疫情相关词汇、段落和讨论题；讨论要求学生结合新冠疫情，谈谈对文化差异的理解，以及对构建人类命运共同体的重大意义的理解。

(六) 教学成效和教学反思

1. 教学成效

语言学习和关心时事相结合，双语及文化差异分析与增强跨文化交流能力相结合，提高翻译能力和家国情怀教育相结合，古今中外材料运用与辩证思考能力及培养相结合。

翻译国内抗击疫情相关新闻段落，既锻炼、增强了学生双语运用能力和翻译能力，又帮助学生进一步了解国内抗疫情况，唤醒了学生的责任心和自豪感。

美、英、欧三地抗击疫情新闻段落的翻译，同样增强了学生的翻译能力，又让学生了解国际形势和文化差异，明了世界各国合作的必要性，为探讨"人类命运共同体"问题打下了基础。

翻译"人类命运共同体"及相关表达也实现了两个目的：语言能力和翻译能力得到提升，理解问题的能力也得以加强，学生对"构建人类命运共同体的必要性及其重大意义"有了更深了解，思考也更有系统性。在这一过程中，学生把自己、学习、国家及人类命运结合在了一起。

2. 教学反思

语言学习不仅是技巧学习，更是文化、思想的浸润。实现这一目的，讲大道理、生搬硬套、死命灌输恐怕行不通。应选择合适的教学材料和教学内容，通过翻译实践、提出问题、启发思考、思辨讨论等形式，力求达到"润物细无声"的效果。同时，面对有限的课时，如何采用有效的作业形式，调动学生的积极性，切实增强、提高学生的目标能力应是教学重点。

目前教学中仍存在很多不足。例如：第一，作业形式还不够多样化，不能多层次培养、考察学生的双语能力及翻译能力；第二，在教学中尚未结合翻译软件等，没有紧跟科技发展潮流。信息化和人工智能技术飞速发展，为翻译教育提出了挑战。

二十一、"纸上得来终觉浅，绝知此事要躬行"

——如何开展问卷调查

吴新慧　法学院

(一) 课程基本情况

课程名称：社会调查研究方法

课程学时：64

课程学分：4

(二) 思政育人目标

(1) 知识。问卷调查法的基本类型及其优缺点、问卷调查过程中的注意事项、调查员的挑选与培训等，发展学生求真、求实的精神。

(2) 能力。小组协作开展问卷调查，发展面对陌生人进行沟通交流、资料收集的能力；小组成员间团队协作的能力；以社会学专业的视角认识问题、发现问题，解决问题的能力。

(3) 素养。在问卷发放过程中，引导学生脚踏实地深入社会生活，培养学生团队协作、求真、求实的精神，以及爱岗、敬业、诚信、友善的优秀品质。

(4) 情怀。通过当代中国社会热点问题分析，带领学生走进社会、认识社会，培养学生社会责任感以及家国情怀；树立中国特色社会主义道路自信、理论自信、制度自信、文化自信。

(三) 与专业教学内容相结合的思政育人映射与融入点

进行"如何开展问卷调查"课程讲授时的思政育人映射与融入点如表 21-1 所示。

表 21-1　社会调查研究方法课程的思政育人映射与融入点

专业知识、技能	思政育人映射与融入点
问卷调查法类型及优缺点	培养学生学习能力和自律精神，求真、求实的态度和科学精神
问卷调查中的困难	培养学生不畏困难、敬业、诚信、友善的优秀品质；不抛弃、不放弃，坚持不懈的精神
实地开展问卷调查	培养学生脚踏实地深入社会生活的态度，团队协作精神与意识，社会责任感与使命感，爱家爱国的家国情怀

(四) 教学实施过程

1. 课前线上自主学习

教师在课前发布教学视频和 PPT，学生自主学习知识点并完成测试；在教学平台或微信课程群中针对学生有疑惑的知识点展开讨论。教师通过教学平台了解学生视频观看状况、错题等学情，掌握学生学习状况，安排课堂教学重点、难点解答。

2. 学生小组学习，知识巩固

课堂通过课前热身巩固知识点；在此基础上，学生以小组形式查找资料，通过案例分析掌握问卷调查相关方法和程序；形成汇报 PPT 在课堂上呈现。

3. 课程实践，认识社会，分析社会

根据小组设计的问卷开展问卷调查，包括试调查和正式调查。每组开展小规模的试调查。试调查的过程中要注意问卷设计中存在的问题，如语义含糊、表述不清，敏感性问题处理不当，排版格式中的问题等，并对问卷进行进一步的完善。在试调查之后，开展正式调查。在正式调查的时候，要注意理解被调查者心理，注意第一印象、进门礼仪和开场白等。

4. 小组汇报，集体讨论

实地问卷调查结束之后，开展课堂集中讨论。各个小组汇报在问卷调查过程中遇到的问题及其解决方法，汇报调查心得体会。小组之间进行互评，开展集体讨论。教师对各个小组问卷调查的优点及存在的问题进行点评，各个小组根据教师及同学意见进行反思，并提出调查优化方案。

(五) 教学方法和载体途径

教学方法：翻转课堂教学法，"做中学"及"实践中养成"。

载体途径：基于 SPOC 的翻转课堂教学法，开展线上+线下、理论+实践的混合教学。线上学习主要是课前知识点学习和掌握。该部分涉及线上教学资源有：教学视频资源 11 个、线上习题 1 套、PPT1 个、参考资料 5 套。线下学习主要包含课堂教学和课外实践。课堂理论学习包括知识点竞答、小组展示、辩论、生问生答等多元互动环节，实现思政元素自然融入课堂教学；实践"做中学"，主要通过小组协作实践展开，包括操作、展示、讨论、修改提升等环节，在实践中养成良好的品质与精神，在实践中提升责任感和自豪感，内化社会主义核心价值体系。

实践活动是大学生思想政治教育的重要环节和有效途径，是课堂思想政治教育主渠道的有效补充。教师积极引导学生走进乡间田野，投身社会实践，增强他们的社会责任感。在教学过程中，通过实践教学特别是实地问卷发放，着力培养学生：① 爱岗敬业、求真求实的职业素养；② 协作能力与合作精神；③ 个人修养、正确三观；④ 社会责任感、使命感，树立社会主义四个自信，具体如下：

(1) 培育团队协作精神。在小组协作展开问卷调查的实践过程中，小组中每个成员都是"主角"，因此在学习过程中要有效地进行组内分工协作，通过小组协作解决问题的形式，促进学生参与意识与责任意识。在出现不同的意见时，需要同学们开展有效的沟通解决问题。

(2) 培育优秀职业素养。在问卷调查的实践过程中，学生可以更深入地了解书本上的知识，也会遭遇书本上没有的问题并寻求解决方案，深刻体会到"纸上得来终觉浅，终知此事要躬行"的道理，培养科学研究思维。实践环节是一个"无人监督"的过程，面对困难的问卷调查，是实事求是地去做，还是"耍小聪明"、想办法偷懒？教师要适时地进行职业素养教育，让学生在此过程中树立爱岗敬业、求真求实的职业素养。

(3) 提升个人修养、树立正确三观。提高学生个人修养，培养有正确三观、人格健全的社会主义建设者和接班人是思政教育的一项重要内容。在开展问卷调查的过程中，学生最经常面临的问题是遭到拒绝，但是经过努力能说服被调查者参与调查。此时可作为思政切入点的是：不抛弃、不放弃。在民族复兴的伟大时代，大学生作为社会主义伟大事业接班人，要塑造正确的三观，学习改造世界的本领，锻造能洞察本质的眼光和追寻真理的勇气，将全心全意在党的领导下为人民群众谋幸福作为人生目标，做到"天行健，君子以自强不息"。

(4) 增强社会责任感、使命感和家国情怀。在课程实践过程中，教师指导同学深入实地，开展资料收集。实践环节结束之后，教师会带领队员总结实践收获，反思活动不足，教师会适时结合学生实践实际，进行理想信念教育和社会主义核心价值观的引领，鼓励学生做新时代的奋斗者，把自己的理想同祖国的前途、把自己的人生同民族的命运紧密联系在一起，扎根人民，奉献国家。

(六) 教学成效和教学反思

(1) "以学生为中心"的翻转课堂学习，培育了学生的学习能力和自律精神。在学习过程中，学生需要自主完成知识点的学习、实践调查、课堂展示等学习、汇报工作。虽然工作量大，但是同学们都能很好地完成学习任务。课前视频观看率、作业完成率达到 100%，作业正确率达到 90% 以上，问卷调查实践有序开展。

(2) "以团队协作为基础"的小组学习，培育了学生团队意识与协作精神。在学习过程中，小组成员要共同协作完成调查设计、实地调查、调查小结汇报、反思提升环节。每个环节都对学生的协调沟通能力、时间观念及沟通交流等有很高的要求。尤其在实践的环节中让学生深刻体会"大局意识""合作精神"和"纪律观念"。

(3) "以科学方法为指导"的方法学习，培育学生科学素养与精神。社会调查方法强调以科学的方法认识社会。通过问卷调查方法的学习，大部分同学认识到开展社会调查研究要掌握正确的工作方法。在科学方法指导下开展调查研究，事半功倍地认识矛盾和分析问题。在具体调查研究过程中，有些人之所以花了很长时间，费尽力气却未能达到预期的效果，其中一个重要原因就是没有掌握正确的调查方法。对事物的认识和把握，是一个由浅入深、由表及里的过程。因此，在调查过程中，绝不能走马观花、浅尝辄止，而要善始善终、善做善成，以老老实实的工作态度和科学严谨的工作方法，为提升"脚力"打下坚实基础。

(4) "以实践为抓手"的小组调查，锻炼学生"脚力"，培育家国情怀。通过调查研究实践，大学生走出课堂面向社会，在鲜活的实践中掌握做人做事的基本道理；通过调查实践，学生认识到增加"脚力"、踏踏实实做人的重要性；通过接触社会问题，学生对社会主义核心价值观有了更深刻的认识，树立了社会主义"四个自信"，坚定为中华民族复兴而奋斗的信念。

二十二、"英雄"应辈出，国货当自强

——设计助力英雄钢笔

孙茜　人文艺术与数字媒体学院

(一) 课程基本情况

课程名称：产品包装设计

课程学时：48

课程学分：3

(二) 思政育人目标

"产品包装设计"课程是一门面向产品设计专业学生的必修课程。通过包装设计的理论讲授和实际课题训练，引导学生将专业理论知识和设计表现技能相结合，进行课题分析、创意设计，明确产品包装的概念，掌握包装设计的方法。在设计中，注重以提升品牌价值和维护品牌形象为出发点，培养学生的系统设计能力，使其具备精湛的艺术修养和丰富的表现手段，并及时了解不断变化的经济脉搏和包装设计的发展趋向，使包装更好地为产品开发、市场营销与竞争、消费者认购与使用以及宣传企业形象服务。

本案例结合"产品包装设计"课程的实训项目"'英雄'应辈出，国货当自强——设计助力英雄钢笔"达到如下育人目标：

(1) 培养学生的创新思维、爱国情怀和诚信等社会主义核心价值观。

(2) 培养学生的职业道德、工匠精神、文化自信、社会责任与担当。

(三) 与专业教学内容相结合的思政育人映射与融入点

"新国货崛起"这个逐渐升温的词汇印证了"中国制造"向"中国质造"的转变，年轻、个性、时尚的国潮国货时代正悄然到来。作为创新一代的设计师，应立足于中国文化又不乏现代化和国际化，在溯源和创新中创造新的审美。

该实训项目中的思政育人映射与融入点如表 22-1 所示。

表 22-1　产品包装设计课程中的思政育人映射与融入点

专业知识、技能	思政育人映射与融入点
实训项目: "英雄"钢笔包装设计 1. 案例导入 2. 课堂讨论 3. 项目背景 4. 视觉设计要点 5. 课程作业	1. 通过产品包装设计对"英雄"钢笔的产地文化和特色进行挖掘,给予品牌赋能,帮助"英雄"钢笔建造可持续性的包装设计形象,以品牌化的包装设计促进国货产品的文化提升,设计赋予国货新生命,设计为国货的发展提供了不竭的内在动力 　2. 从文化自信的角度讲解产品包装的视觉设计元素,了解传统文化元素在产品包装中的运用 　3. 坚守与创新,助力国货崛起,培养学生创新思维,从被动、自发的学习转向主动、自觉的学习,主动将之付诸实践

(四) 教学实施过程

1. 教师课前准备

在线发布本章讨论主题:

(1) 国货兴起,设计应如何助力?

(2) 你最喜欢的钢笔品牌有哪些?其设计思路是什么?

两个主题覆盖的本章主要的知识点是:项目背景、设计要点。

2. 学生课前准备

(1) 在线观看网络教学资源和阅读电子教案,学习课程的基本理论知识。

(2) 在线围绕教师发布的主题展开讨论。

3. 线下课堂教学

结合多媒体教学资料,围绕"产品包装设计"实训项目"英雄"钢笔包装设计的主要知识点,组织学生分主题讨论,进行案例的详细讲解和分析。

(1) 案例导入。2017 年,国务院批准将每年 5 月 10 日设立为"中国品牌日",民族品牌迎来发展良机。"中国制造"的烙印正从产品向品牌延伸,而"国潮"这一新词应运而生,其中折射出消费者对"国货"的认可与信赖。

(2) 课堂讨论。

① 国货产品的成功和设计的关系是什么?

② 作为新时代的设计师,你怎么看待国货的崛起。

(3) 导入课程内容。

① 项目实训:"英雄"钢笔包装设计。

② 项目背景。

③ 结合线上讨论提出问题:目前市场上的钢笔有哪些?对市场占有率较高的钢笔进行分析。

④ 发布课题项目。

(4) 设计要点。设计要点主要包括色彩表达、文字表达、图形表达。

(5) 作业要求。

① 项目实训:"英雄"钢笔包装设计。在"星光灿烂"系列 /"丽水风光"系列 /"自古英雄出少年"系列中选其中一项进行设计。

② 项目调研:以小组为单位,3～4 人一组,团队作业。

③ 设计方案:可选择团队完成,也可选择个人完成。

④ 提交文件包括:设计稿、效果图、包装实物,版面设计。

(五) 教学方法和载体途径

1. 课程整体教学安排

"产品包装设计"课程共九周课程,需要学生完成线上理论学习和讨论,线下实践教学和课程作业,课程教学安排如图 22-1 所示。

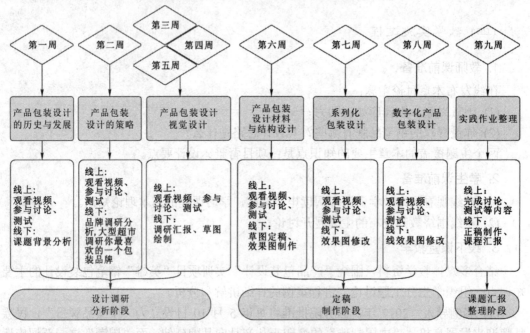

图 22-1　教学安排

2. 教学方法

(1) 案例分析法。通过典型案例分析,引导学生找出案例中设计元素存在的共同点,归纳总结视觉设计的三元素:色彩、文字和图形在产品包装设计中的表达方式。

(2) 分组讨论法。将学生分成若干小组进行讨论,每组人数在 3～4 人之间,根据设计主题选择设计方向,讨论相关方向的关键词,绘制思维导图,完成小组方案设计初稿、效果图和小组汇报,作品上传网络平台,完成小组互评,教师线上线下混合指导并点评。

(3) 启发式、分析式和研讨法。以启发式、分析式和研讨式教学方法为主,通过绘制草图,制作效果图等内容培养学生进行产品包装设计、分析问题和创新思维的能力。

(4) 实践锻炼法。项目性训练,使学生通过材料选择、结构设计、视觉设计等内容,完成自己的概念设计。设计赋予国货新生命,设计为国货的发展提供不竭的内在动力。培养学生具有宽广的艺术设计基础能力，使学生具有创新、协调、绿色和共享的价值理念。课程教学思路如图 22-2 所示。

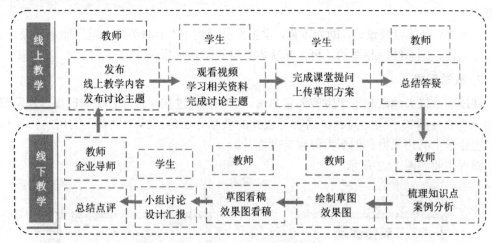

图 22-2　教学思路

3. 教学模式

(1) 项目驱动式——引入真实项目实践教学。以真实项目"英雄钢笔"包装设计为基础的项目驱动式教学，由教师和企业导师提出设计任务，学生以团队完成，同时接受企业导师的点评。

(2) 合作团队式——组建学生工作团队。学生以 3～4 人为单位进行分组，合作进行市场分析、头脑风暴、创意构思，借此培养学生的团队合作能力、敏锐的洞察力和创新思维，使其从被动的学习转向主动、自觉的学习，主动将之付诸实践。

(3) 线上线下混合式——多渠道多方面教学。线上理论教学以视频形式完成，具有全面性、高效性、高黏性和交互性；线下实践教学以应用和创新为导向，具有相对独立性、先学后教性、面向问题性、激励性和因材施教性。

4. 信息化载体

"产品包装设计"课程功能可以分为传授、应用、创新三个方面，这三个方面层层提高。线上向学生传授课程的相关理论知识；线下和学生进行交互式教学创新和应用，达到预期效果，线上教学和线下教学相互呼应，相互提高。

5. 参观体验

进行线下市场调研时，教师和学生一起走入大型市场，通过现场讲解，可以更好地帮助学生触摸产品的质感，感受产品的魅力。

(六) 教学成效和教学反思

"产品包装设计"教学团队在课程中融入思政育人的理念，为 2016～2018 级学生授课，效果良好，受到学院师生及业界的良好评价。

1. 教学评价

听课教师评价：任课教师备课充分、授课认真，设计课题能展示"英雄"金笔的风貌、气质，使"英雄"国货老品牌焕发青春活力，展现品牌赋能。

学生评价：实践项目大大增加了我们的学习兴趣，通过设计为国货赋能，我感到很自豪。

"英雄"钢笔包装设计，助力国货，学生作品得到了"上海英雄金笔厂丽水有限公司"的党委书记、副总经理赵军的认可，学院媒体进行了相关报道。

2. 教学反思

课题项目极大地激起了学生的创意热情，学生们通过在实践项目中的锻炼，利用积累的知识为企业解决了实际问题。这种开放式的教学方法传授给学生真正实用的知识和能力，也让学生的想象力、创新力得到高度提升。

课程作业如图 22-3 所示。

图 22-3　课程作业

二十三、光与影的艺术特征："一带一路"摄影展赏析

杨萍　人文艺术与数字媒体学院

(一) 课程基本情况

课程名称：数字摄影
课程学时：48
课程学分：3

(二) 思政育人目标

通过本案例要达到如下育人目标：

(1) 认同中国提出的"一带一路倡议"及其在促进国际和平发展等方面所产生的积极影响。

(2) 拓展与"丝绸之路经济带"和"21世纪海上丝绸之路"主题相关的拍摄场景，并能积极地把拍摄创作练习应用于浙江地区、家乡所在地区的基础设施、交通枢纽、人文历史、文化遗产等方面。

(3) 培养"用摄影镜头去传承一带一路"的责任意识和担当。

(三) 与专业教学内容相结合的思政育人映射与融入点

"数字摄影"课程中的思政育人映射与融入点如表23-1所示。

表 23-1　数字摄影课程的思政育人映射与融入点

专业知识、技能	思政育人映射与融入点
本案例结合"数字摄影"课程中"摄影用光"的知识内容，选取了 2019 年"一带一路"人文历史摄影展的一组作品，分析了作品中不同方向光线的使用技巧，并对作品的意义和价值做出判断	本案例所选摄影作品来源于人民日报主办的 2019"一带一路"人文历史摄影展，摄影作品内容与习近平主席所提出的"丝绸之路经济带""海上丝绸之路"，即"一带一路倡议"高度契合。在本案例的教学中，我们将摄影用光的学习与一带一路沿线国家的摄影作品赏析相结合，融课程思政于一体，达到拓宽对"一带一路倡议"的了解、用摄影镜头传承"丝路文化"和"丝路精神"

（四）教学实施过程

1. 知识导入

介绍本案例中的理论知识，即摄影用光法则。引入"光位"的概念，通过对影棚内光位的分析，引导学生根据光的方向与被摄物体之间的夹角，对水平方向上的光进行分类，归纳出顺光、前侧光、侧光、侧逆光和逆光等五种光位。

2. 课堂讨论

给出三张典型室内人像摄影作品，引导学生分析作品中不同方向的光线对人物面部的立体感、质感等的影响，学生以 3～4 为人一组展开讨论，从照片画面的光位入手，分析和归纳出每一种光线下人像照片的影调特征。

3. 问题延伸

选取 2019 年"一带一路"人文历史摄影展上的一组作品，让学生来判断各使用了哪种类型的光位？教师进一步引导学生思考如下问题：照片的明、暗强烈对比是如何得到的？建筑工人在劳动过程中的轮廓线条是否醒目？不同肤色的铁路工作人员是如何通过用光来表现的？利用课堂 PPT 提问和小组讨论的方式帮助学生掌握光位知识点。

4. 拓展思考

在课堂中设置主题"分析每一种布光方式所适用的拍摄对象与场景"，引导学生以互助的方式展开讨论，鼓励学生针对本次课程的知识点发现问题、提出问题和解决问题。

5. 布置访谈作业

课后访谈 2～3 个来自一带一路沿线国家的留学生，调查他们对"丝绸之路"的观点和见解。具体访谈问题有两个：你的国家有哪些历史人文景观？你能否为我们专业的摄影课提供一张最能代表你国家的摄影作品?学生在下次课程时展示汇报访谈的结果。在汇报阶段，以学生和教师之间的互动为主，教师对学生的表现给予适当的评价或记录等。

（五）教学方法和载体途径

（1）教学组织与实施：本案例采用讲授法、小组讨论、头脑风暴、创意设计汇报等教学组织方式，注重学生参与，以小组合作为主要教学组织形式。

（2）本案例采用将线上参观摄影展和线下教师和学生点评相结合的混合式教学法，依托线上虚拟摄影展——即 2019 年故宫博物院举办的"一带一路"摄影展作为课堂学习资料。

（3）对作业的提交或呈现方式也体现混合式教学特点。通过本案例的学习，学生首先在网络教学平台的作业模块提交电子版照片作业，教师与学生、学生与学生之间互相可以预先看到照片作业，接着在下一次线下课堂上，由学生进行线下汇报演讲，开展线下的师生互动点评作品，学生也可向教师提出问题，由师生共同推动教学发展。

（六）教学成效和教学反思

（1）在课堂教学中引导学生欣赏"一带一路"摄影展作品，用摄影学的用光法则来分析作品中光与影的艺术特征，融主题摄影参观与摄影用光学习为一体，拓展了学生对丝绸之路的了解和习近平主席"一带一路倡议"的认识，将参观影展、摄影用光法则贯穿在摄影课堂的始终，紧扣学科特点。

(2) 引导学生以互助的方式展开讨论，培养和锻炼学生的学习策略，学生在对常见的几种摄影布光方式的讨论和选择中，原有认知结构和思维方式发生变革与重组，培养和锻炼了他们的创新意识和创新能力。

(3) 作业的设计与实施注重学生的参与。访谈等方式调动了学生的积极性，锻炼了其交流合作的能力，促进了校园文明和文化背景的相互理解。学生通过访谈等过程，从身边留学生的故事中理解了"一带一路"倡议的宗旨。有学生在作业中写到"从文献综述中回望我国的留学生招生情况，长期以来一直把留学生教育重心放在了少数发达国家。国内一些高校甚至认为，只有接受欧美的国际学生，才能体现学校国际化办学的质量，而'一带一路'战略的提出，扭转了这样的认识。为了更好地服务于'一带一路'的方针，高校必须实现来华留学生规模的多样化。"由此可见，学生通过"一带一路"沿线国家摄影作品的欣赏，领会到了摄影作品故事背后蕴涵着的"一带一路倡议"。

二十四、大数据精准服务于人们的生命健康安全

赵杰艺　马克思主义学院

(一) 课程基本情况

课程名称：工程伦理
课程学时：32
课程学分：2

(二) 思政育人目标

从经典工程案例出发，培养学生的爱国主义情感和民族自豪感。力求从不同角度突出工程师和其他工程从业者的理论自信、文化自信和工程技术自信，做到知识传授、能力培养和价值塑造三位一体的育人目标。

(三) 与专业教学内容相结合的思政育人映射与融入点

"工程伦理"课程中涉及"信息与大数据伦理"的专业知识，从"健康码"这一实际事例出发，将"大数据精准服务人们的健康"这一思政育人映射与融入点贯穿于教学过程中。

(四) 教学实施过程

教学实施过程如图 24-1 所示。在教学内容上兼顾学校实际和学科特色，充分挖掘 00 后学生的需求和兴趣，运用"事—思—识—实"的 4S 教学法："事"，选取"健康码精准服务于人们的生命健康安全"的热点事件，让学生感觉鲜活、有趣，激发学生兴趣，解决学生入耳；"思"，思考，通过提问、设问，让学生谈所感、所想、所思，启发学生入脑；"识"，知识、认识、由点及面，由特殊到一般，理论引导学生入心；"实"，实践，搭建平台，知行合一，让学生真切体会到有用、落实学生入行。

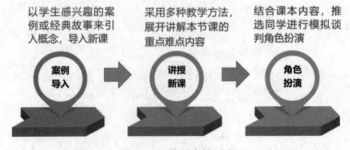

以学生感兴趣的案例或经典故事来引入概念，导入新课 → 采用多种教学方法，展开讲解本节课的重点难点内容 → 结合课本内容，推选同学进行模拟谈判角色扮演

案例导入　→　讲授新课　→　角色扮演

图 24-1　教学实施过程

（五）教学方法和载体途径

课堂教学主要采用案例和讨论的教学方法。

1. 案例：健康码——让复工复产按下快捷键

2020 年 3 月 19 日 13 点 24 分及 15 点 13 分，首批从湖北开往广东的两趟免费复工返岗高铁专列先后从湖北荆州站开出，"点对点"输送 1631 名荆州籍务工人员到 898 家广东企业返岗复工。他们全部申领了湖北健康码，并通过了核酸检测。随后，有 4 万名湖北籍务工人员凭借健康码赴粤返岗。

随着复工复产有序推进，健康码全国互认按下快捷键。2020 年 3 月 20 日，国家卫生健康委规划司司长、全国爱卫办副主任毛群安表示："目前，国务院电子政务办和国家卫生健康委提供了各地跨省份互认共享的三种路径，请各个省结合本地的实际来选择实施。"

2. 抓重点：健康码拥抱复工人员

在复工复产过程中，外省人如何进入湖北成为难题。2020 年 3 月 19 日，湖北省发布通知，外省来鄂人员，可通过"鄂汇办"APP、国家"互联网+监管"小程序、支付宝小程序、"鄂汇办"微信小程序申领湖北健康码，凭健康码"绿码"在湖北境内亮码通行。

与此同时，浙江杭州率先"拥抱"湖北复工人员。2020 年 3 月 18 日起，湖北人持有健康码可以回杭州工作不用隔离。杭州的动作如此之快，其原因还得从一个多月前的健康码说起。在杭州余杭区，由于外来人口多、流动量大，疫情发生之初，当地防控遇到"痛点"问题——如何降低人员接触和纸质重复登记。2020 年 2 月 4 日(农历正月 11 日)，余杭区提出建设一套数字化方案，作为疫情时期的数字化健康证明。于是，支付宝、钉钉、阿里云等团队与当地政府一起开发健康码。"那段时间大家每天睡两三个小时，产品上线前半小时一迭代，上线后半天一迭代。"余杭区负责健康码项目的工作人员说。

2020 年 2 月 7 日(农历正月 14 日)晚，杭州余杭上线了全国首张健康码——"余杭绿码"，余杭居民能凭着手机里的健康码出行、复工。随后的 2 月 11 日，杭州健康码在支付宝率先上线，首创红、黄、绿三色动态健康码模式。"红码赋予确诊病人、疑似病人、密切接触者或医学观察人员，以及来自省外重点地区和省内外其他高风险地区的人员；黄码赋予有发热、呼吸道症状的人员，以及来自省内外较高风险地区的人员；除此之外的人员，被赋予绿码。"

认证结果为绿码的，能自由通行；认证为红码或者黄码，需要自我隔离并健康打卡，满足条件后将转为绿码。据介绍，浙江省各地居民都可在支付宝首页搜索"所在城市 + 健康码"，填写相应的健康信息后，就可以领取。健康码所带来的溢出效应很快显现。2020 年 2 月 16 日，当一些地区还在担心复工带来的"三返"人员流动问题时，浙江省使用健康码，开始着手复工复产。当晚，全国首趟复工人员专列从始发站贵阳北抵达杭州东，近 300 名贵州籍复工乘客顺利返杭。2020 年 2 月 19 日，杭州西湖景区也率先开放。

上海接着宣布，江苏、浙江、安徽三省的健康码效力与上海"随申码"等同，持对方省份"健康码"人员，可参照本省"健康码"规则，予以亮码通行，无需采取隔离措施。短短两周时间，健康码就从杭州推广到了全国 200 多座城市，并开始逐步推动互通互认。

同时，由国务院办公厅指导开发的"全国版"健康码——防疫健康信息码也首先在支付宝小程序上线，实现全国可领。

值得一提的是，浙江省针对返浙华人华侨、留学生及其他外籍人士的实际情况，推出国际版健康码。与国内版适当区分，国际版健康码实行橙、黄、绿三色分类。截至 2020 年 3 月 16 日 12 时，浙江累计发放健康码 7209.2 万张，其中国际版 3.1 万张。

3. 难点：**数据孤岛正在被打通**

2020 年 3 月 16 日，白云区正式宣布成为广州市首个认可湖北健康码的行政区域，凡湖北返穗人员，持有"绿码"的，不必隔离，不必检测。这一政策让湖北来穗人员吃下了定心丸。2020 年 3 月 18 日晚上 7 点 30 分，6 辆载着 148 名湖北乡亲的暖心返岗大巴抵达广东省广州市白云区云城西路。医护人员上车测量体温，核对健康码。返岗人员李先德说："广州早已是我的家了。"

早在 2020 年 2 月 28 日，海南、河南就分别和浙江签订了健康码互认协议。健康码的使用也在进一步优化，有的省份实现一次填写，多地互认。3 月 18 日，湖北恩施州咸丰县一批务工人员就是乘坐大巴，持健康码直接回到杭州复工的。

4. 补短板：**多途径实现信息互认共享**

2020 年 3 月 21 日，毛群安在国务院联防联控机制新闻发布会上说："我们实现了基础数据的互认共享。在国家全民健康信息平台和全国一体化政务服务平台上发布了新冠肺炎确诊和疑似患者、可能的密切接触者，以及县域疫情风险等级数据库，这样就实现了基础数据库的统一互认。"

毛群安表示，我国提供了各地跨省份互认共享的三种路径：

第一种，在不改变地方现有的健康通行码的情况下，通过跨地区防疫健康信息的数据共享，在本地的健康通行码中增加跨地区的互认功能。

第二种，在各地健康通行码通过全国一体化平台的防疫信息码进行转换，从而实现跨地区的健康通行码互认。

第三种，对那些没有建立本地健康通行码的地区，可以直接采用全国一体化平台上的防疫信息码。

对于时下健康码实施互认过程中是否存在"短板"的问题，毛群安认为：健康通行码互认中的难点主要是各地疫情防控形势和政策的不同。目前，全国低风险县域已占 98%，各省份正在按照统一的数据格式标准和内容要求，加快向全国一体化平台汇聚本地区防疫健康信息的目录。

"从目前来看，有序地推动健康码互认，也在不断地优化和迭代，这是积极举措，效果值得肯定。"中国政法大学传播法研究中心副主任朱巍表示。朱巍认为，因为防控涉及公共利益，因此推出健康码的措施是非常及时的。这一过程中被收集者都是知情的，政府也完全介入，所以符合网络安全法的规定，属于个人信息的合理使用范围。"需要注意的是，其中所收集的健康信息都是个人核心信息，在实施过程中我国应加强对个人信息安全的保护。"朱巍说。

5. 课堂讨论

(1) 作为一名杭州电子科技大学的在校大学生，怎样更好地利用我校的信息优势，在抗击新冠肺炎疫情中使大数据精准服务于人们的生命健康和财产安全?

(2) 作为未来的大数据从业人员,怎样在实现大数据精准服务和个人隐私保护之间实现有效平衡?

6. 作业和考核

结合案例内容以"新冠肺炎疫情下的大数据工程师的责任与担当"为题,写一篇不少于 200 字的小组讨论稿。

(六) 教学成效和教学反思

第一,通过学习发生在我们身边的"浙江全省推行个人健康二维码助力复工、力保安全"的案例,培养学生的爱国爱校情怀,激发他们运用所学的科学文化知识最大限度地为社会发展和人民服务的价值追求服务。通过健康码的案例让学生深刻感受到,在灾难面前,我们要充分利用自己所学的专业知识,做自己国家的建设者和保护人。作为未来的大数据从业人员,在实现大数据精准服务的同时也要有效保护个人隐私,更好地利用大数据为人类生命健康服务,建立更有效的法律和社会规范,对泄漏个人隐私的行为坚决说不,并坚决惩治。通过案例讨论,学生们表示爱国是宏大的,更是具体的。

第二,师生之间的双向交流多了,学生的眼睛亮了。学生拿到案例后,先要进行消化,然后查阅各种理论知识,这在无形中加深了他们对知识的理解。随后,他们还需要经过缜密的思考,才能提出解决问题的可行方案。教师根据具体情况对学生进行适当的引导,根据不同学生的不同理解补充新的教学内容。

第三,把传统课堂变成了探究式的课堂。传统的课堂是老师在课堂上讲,学生的参与度不高。我们的课堂力争从只闻老师讲→偶闻问答→不仅是"教",更是"学"乃至"研"→学生能提出问题,不惧权威,发散思维→师生能唇枪舌剑,妙语生花……在这样的形式下,推进了教师"以学生为中心"的教育教学理念,更加有效地增加了课堂的趣味性与探究性。

二十五、从张大哥的"一碗面"认识内部营销

高海霞　管理学院

(一) 课程基本情况

课程名称：市场营销学
课程学时：32
课程学分：2

(二) 思政育人目标

对于企业的市场营销活动来说，环境分析是其出发点。通过环境分析，能够帮助企业更好地发现市场机会、规避环境威胁。市场营销环境主要包括外部环境和内部环境。通过此部分内容，强化"内部环境"分析意识，灌输人文关怀精神，培养学生的友善意识。

(三) 与专业教学内容相结合的思政育人映射与融入点

"市场营销学"课程中的思政育人映射与融入点如表 25-1 所示。

表 25-1　市场营销学课程中的思政育人映射与融入点

专业知识、技能	思政育人映射与融入点
内部营销及其策略 1. 内部营销的概念 2. 内部营销的作用 3. 内部营销内容和策略	通过"一碗面"引出内部营销 　　因疫情突发，全国范围内众多大型商场停业，多家连锁餐饮品牌宣布停业，其中，包括海底捞火锅。疫情对餐饮行业的影响是全方位、多维度的，从上游到下游，从产业端到消费端。海底捞有员工返乡，也有 3 万余名海底捞员工留守在各城市门店的员工宿舍。海底捞的一期自制节目中，海底捞创始人张勇在轻松又不失幽默的氛围中做了一道西红柿鸡蛋面，以"张大哥"的身份抚慰一线 10 多万员工。他还不忘调侃：几年都没有在春节放假的你们，终于可以好好放假了。通过海底捞的故事让大家理解什么是内部营销以及内部营销的作用

(四) 教学实施过程

教学实施过程如表 25-2 所示。

表 25-2　教学实施过程

	主要教学步骤	教师活动	学生活动	时长分配（分钟）
教学步骤设计	巩固已学知识	测试	回答	5
	引入实例："一碗面" 思考：海底捞处于服务营销哪个阶段？海底捞体现了"顾客关注"的哪些原则？海底捞在服务营销方面有什么优势？	提问	讨论回答	15
	新课教学：通过案例的提问、回答，教师讲解内部营销概念及其内容	讲解	听讲记笔记	20
	思考： (1) 内部营销与外部营销的关系； (2) 服务营销三角形	提问	回答	5
	内部营销与服务利润链	讲解	听讲	5
	"学不会的海底捞"，内部营销内容和策略	典型案例剖析	听讲	10
	服务企业为何要进行内部营销；内部营销的策略创新	引导	小组讨论	25
	课堂点评和小结	点评和总结	听讲	5
讨论练习作业安排	(1) 西贝的内部营销与海底捞的异同？ (2) 内部营销的策略创新。			
教具准备	多媒体设备、粉笔			
拓展教学参考资料	延伸思考：服务营销的创新			

(五) 教学方法和载体途径

1981 年，瑞典经济学院的克里斯琴·格罗路斯(Christian Gronroos)发表了论述"内部营销"概念的论文。他认为，公司设置了强有力的营销部门，并不意味着这家公司实施了营销导向。公司实施营销导向的关键问题，是要培养公司经理和雇员接受以顾客为导向的观念，而这一工作比为顾客开发有吸引力的产品和服务更为棘手。在此基础上，菲利普·科特勒(Philip Kotler)进一步提出了"营销化"的理论，指出要使公司营销化，就是要在公司里创造一种营销文化，即培养和训练公司员工以满足顾客需求作为宗旨和准则，并逐步在意识上和行为上产生认同感。20 世纪 80 年代，"营销文化""企业文化"成为世界各国理论界和企业界研究的热点问题。

内部营销(Internal Marketing)是与外部营销(External Marketing)相对应的概念。何谓内部营销？菲利普·科特勒指出"内部营销是指成功地雇佣、训练员工，最大限度地激励员工更好地为顾客服务。"也就是说，在进行内部营销时，员工是作为顾客被提供服务的。如图25-1所示，向内部人员提供良好的服务和加强与内部人员的互动关系，才能更好地开展外部的服务营销。

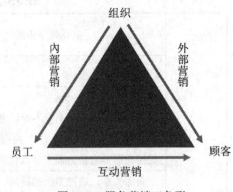

图 25-1　服务营销三角形

　　内部营销是一项管理战略，其核心是培养对员工的顾客服务意识，把产品和服务通过营销活动推向外部市场之前，应先将其对内部员工进行营销。任何一家企业事先都应该意识到，企业中存在着一个内部员工市场，内部营销作为一种管理过程，能以两种方式将企业的各种功能结合起来。首先，内部营销能保证公司所有级别的员工，理解并体验公司的业务及各种活动；其次，它能保证所有员工准备并得到足够的激励以服务导向的方式进行工作。内部营销强调的是公司在成功达到与外部市场有关的目标之前、必须有效地进行组织与其员工之间的内部交换过程。

　　疫情期间，为了安抚员工，海底捞的 CEO 张勇以张大哥的身份出现在一档节目中。他说："张大哥就想着通过视频给大家做碗面，希望大家无论在哪，都要好好吃饭。……我从昨天想到今天，唯一能够教你们的就是做西红柿鸡蛋面，因为我小时候最爱吃西红柿鸡蛋面，我现在也特别想吃西红柿鸡蛋面，希望这碗面能够把你的孤独和担心带走，能够让你变得更加开心、乐观、自信。"

　　通过这个例子引发学生思考：如果你是海底捞员工或者是旁观者会作何感想？接着展示海底捞公众号中的网友留言，如图25-2所示，引发学生共鸣。

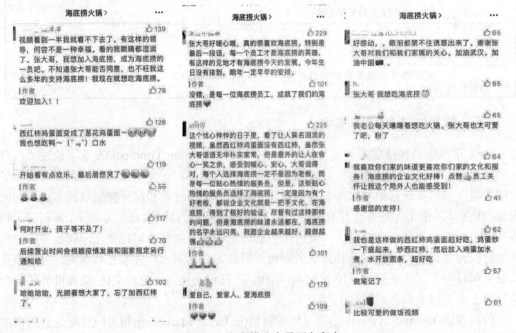

图 25-2　海底捞公众号网友留言

接着解析内部营销的作用。当企业面临以下三种不同的现实管理需要时，内部营销是必需而且非常有效的。

(1) 企业要创造服务文化和在员工中建立服务导向。

(2) 企业希望在员工中维持服务导向和保持服务文化。

(3) 企业向员工介绍新产品和营销活动。可以看到海底捞在此次疫情发生后，内部营销产生的效果。

海底捞外送小哥送餐时佩戴口罩、手套和护目镜，随身携带75%酒精随时消毒，在取出外卖前也会当着顾客面消毒。顾客取餐时，送餐员也会保持 2～3 米的距离，待顾客取完餐时才会离开。

在以上过程中，采用的主要教学方法包括案例讲授、视频案例教学、小组讨论等。课堂讨论和表现是平时成绩的一部分。

(六) 教学成效和教学反思

通过海底捞案例的教学，使学生认识到企业内部环境的重要性。无论是将员工视为内部客户，还是强调员工在客户满意度方面所起的中心作用都是内部营销的一种。如图 26-3 所示，内部营销理论的实质是强调企业要将员工放在管理的中心地位，在企业能够成功地达到有关外部市场的目标之前，必须有效地运作企业和员工间的内部交换，使员工认同企业的价值观，接受企业的组织文化，通过为员工提供的、令其满意的服务，促使员工为企业更好地服务。因此，提高员工的满意度就成为了企业内部营销的核心。

内部服务质量
员工满意度
员工保留
员工生产率
外部服务质量
顾客满意度
顾客忠诚
收入增长
赢利

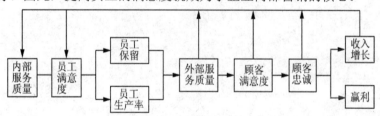

图 25-3　服务利润链

部分学生的课堂讨论如图 25-4 所示。此次疫情中，我们看到了无数工人投身于雷神山、火神山医院的建设中，蔬菜粮食持续供应，防疫物资持续生产……举国上下，万众一心，集中力量办大事。企业也一样，只有形成合力才能得到不断生存和发展。

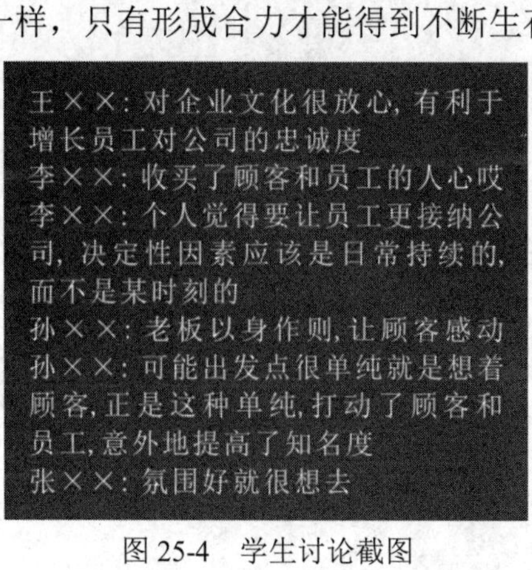

王××：对企业文化很放心，有利于增长员工对公司的忠诚度
李××：收买了顾客和员工的人心哎
李××：个人觉得要让员工更接纳公司，决定性因素应该是日常持续的，而不是某时刻的
孙××：老板以身作则，让顾客感动
孙××：可能出发点很单纯就是想着顾客，正是这种单纯，打动了顾客和员工，意外地提高了知名度
张××：氛围好就很想去

图 25-4　学生讨论截图

通过 ARCS 动机模型，发现以下问题需要进一步的思考：

A(注意)：学生通过课前预习，对上课内容有了初步了解。在课堂上，通过海底捞案例，吸引学生对营销的注意力和兴趣。今后还需要不断地变化课件，增加案例，创新教学方法等，激发学生的学习热情。

R(关联)：可通过课外实践，创造条件组织学生企业参观，让学生更好地身临其境，理解新知识。

C(信心)：未来教学还需要设计出有难度又能解答的挑战性任务或问题，不断增强学生信心和对成功渴望。

S(满意)：还需制定精准的评价标准，通过积极的结果反馈和表扬，激发学生的内在学习动机。

理 工 类

二十六、光栅衍射助力中国战机新天眼

吴跃丽　理学院

(一) 课程基本情况

课程名称：大学物理
课程学时：48
课程学分：3

(二) 思政育人目标

(1) 通过讲授、讨论、线上线下相结合等教学方式，使学生领会大口径物镜对提高望远镜的分辨率有利，帮助学生用光栅衍射的物理原理分析相控阵雷达的工作机制，培养学生主动思考、知识迁移的能力，提高学生灵活运用知识的能力，帮助学生掌握科学的思维方法。

(2) 通过线上观看视频"中国天眼——射电望远镜(FAST)首席科学家南仁东"，让学生了解南仁东的社会责任感和爱国情怀，感受南仁东"坚持到底、不怕困难、勇于创新"的科学精神；通过课堂讨论相控阵雷达的工作原理提升学生运用已有知识解决实际问题的能力，培养学生的探索精神，激发学生的创新意识。

(三) 与专业教学内容相结合的思政育人映射与融入点

"大学物理"课程中，与专业教学内容相结合的思政育人映射与融入点如表 26-1 所示。

表 26-1　大学物理课程的思政育人映射与融入点

专业知识、技能	思政育人映射与融入点
光学仪器分辨本领	在讲授光学仪器分辨本领时，首先分析大口径物镜对提高望远镜的分辨率有利，其次引导学生观看视频"中国天眼——射电望远镜(FAST)首席科学家南仁东"，分析射电望远镜的工作原理，最后通过课堂讨论的方式使学生了解南仁东的社会责任感和爱国情怀，感受南仁东"坚持到底、不怕困难、勇于创新"的科学精神，使学生体会到南仁东在工作上的严谨作风
光栅衍射	讲完光栅衍射后，引入相控阵雷达。首先介绍相控阵雷达在军事上的应用，其次引导学生用光栅衍射解释相控阵雷达的工作原理，让学生在课堂讨论和撰写报告的过程中掌握解决科学问题的一般思路

(四) 教学实施过程

教学实施过程如表 26-2 所示。

表 26-2　教学实施过程

教学内容	教学方式、方法	教学目标
1. 要求学生在网络教学平台上观看视频"中国天眼——射电望远镜(FAST)首席科学家南仁东"(课前完成)	线上教学	使学生了解南仁东的社会责任感和爱国情怀
2. 离黑板远到一定距离,就看不清黑板上的"二"字,为什么?引入圆孔衍射。讲解圆孔衍射和光学仪器的分辨本领。分析例题:远处两根细丝之间的距离为 2 mm,人离开多远时恰能分辨?(35 分钟)	讲授、提问	使学生了解衍射对光学仪器分辨本领的影响,使学生领会大口径物镜对提高望远镜的分辨率有利
3. 提出问题:"中国天眼——射电望远镜(FAST)首席科学家南仁东"视频中中国天眼的分辨率与什么有关?(7 分钟)	讨论、讲授	使学生了解影响射电望远镜分辨率的因素,培养学生主动思考、知识迁移的能力
4. 提出问题:用一个词来形容南仁东。(3 分钟)	自由发言	使学生感受到南仁东先生"坚持到底、不怕困难,勇于创新"的科学精神
5. 为什么光盘颜色是彩色的(见图 26-1)?用激光笔和光栅在课堂演示光栅衍射实验,条纹又细又亮,为什么?引入光栅衍射,讲解光栅方程,分析衍射条纹特点(见图 26-2)。(45 分钟)	讲授、提问、联系教学法	理解光栅衍射条纹特点及其产生的原因
6. 教学例题、小结。(20 分钟)	提问、讨论、举例教学法	掌握用光栅方程计算谱线位置的方法,培养学生运用已有知识解决实际问题的能力
7. 介绍雷达的发展历史及相控阵雷达在军事上的应用,如中国歼-15 战机(见图 26-3)。讲授相控阵雷达的结构(见图 26-4),引导学生观看视频"东南大学—大学物理专题—相控阵雷达",提出问题: (1) 怎么用光栅衍射解释相控阵雷达的工作原理? (2) 光栅有缺级,相控阵雷达有缺级吗?(25 分钟)	讲授、提问、讨论、线上线下相结合	提高学生灵活运用知识的能力,培养学生主动思考的能力,帮助学生掌握解决科学问题的一般思路
8. 报告:相控阵雷达的工作原理及其应用。(课下完成)	完成报告	通过课堂讨论、课下完成报告的方式使学生掌握相控阵雷达的工作原理,提升学生运用已有知识解决实际问题的能力,培养学生的探索精神,激发学生的创新意识

图 26-1　光盘衍射

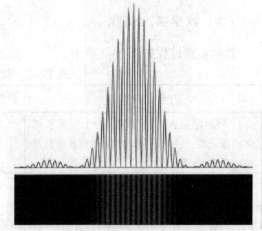

图 26-2　光栅衍射条纹

图 26-3　歼-15 战机

图 26-4　相控阵雷达

（五）教学方法和载体途径

在本次教学过程中，以课件、视频、图片、教材、书籍、网络等为教学载体，通过采用讲授、课堂讨论、线上线下相结合的方式来实施思想政治教育。具体实施策略如下：

(1) "如盐入味"，把育人元素自然融入到物理知识的教学。在讲授本次物理知识点之前，要求学生在网络教学平台上观看视频"中国天眼——射电望远镜(FAST)首席科学家南仁东"。在课堂上首先讲授光学仪器的分辨，其次分析望远镜物镜孔径对分辨的影响，最后介绍目前世界上最大单口径、最灵敏的射电望远镜——中国天眼(FAST)的前世今生。"中国天眼"首席科学家南仁东以科技制造造福百姓，在中华民族伟大复兴的征途上贡献自己的力量，实现了他的中国梦。通过了解南仁东的故事让学生接受"科学家精神"的洗礼，感悟"坚持到底、不怕困难、勇于创新"的科学精神。

(2) 展现国之重器，增强学生的民族自豪感，培养学生的科学素养。课前要求学生在网络教学平台上观看视频，鼓励学生在讨论留言区发表感想，使学生有参与感、获得感，激发学生的求知欲，有意识地培养学生不畏艰难、刻苦钻研和勇攀高峰的良好道德品质，提升学生的科学素养，从而为今后从事专业技术工作打下坚实的思想基础。

(3) 注重教学知识的高阶性，创新性和挑战度。讲授完光栅方程后，分析生活中的光栅衍射现象，引入相控阵雷达。首先介绍相控阵雷达在军事上的应用及我国相控阵雷达的发展，其次引导学生用光栅衍射解释相控阵雷达的工作原理并要求学生课下完成相关报告。在完成报告的过程中激发学生的学习兴趣，培养学生主动思考的能力，学习科学研究的思维方法，掌握解决科学问题的一般思路。

(4) 采用线上线下相结合的教学方式。课堂上引导学生观看"东南大学—大学物理专题—相控阵雷达"视频，进一步理解相控阵雷达的工作原理。课堂上提出问题，引导学生围绕该问题展开讨论。通过课堂讨论相控阵雷达的工作原理提升学生运用已有知识解决实际问题的能力，培养学生的探索精神，激发学生的创新意识。

(5) 贯彻正面教育与纪律约束相结合的原则。坚持正面引导，同时辅之于必要的纪律约束，要求学生课下完成"相控阵雷达的应用及其工作原理"的报告，课堂讨论和报告计入课程考核。

(六) 教学成效和教学反思

引导学生形成"爱物理，学物理，爱学习"的良好风气。

通过形象具体的思政案例引导，激发学生学习物理知识的积极性，加深学生对物理知识的理解，使学生感受到"坚持到底、不怕困难、勇于创新"的科学精神，感受到科学家严谨细致的工作作风，达到润物细无声的育人效果。

通过深入了解国之重器"中国天眼——射电望远镜(FAST)"，激发学生强烈的民族自豪感，增强学生振兴祖国科技的信心。通过深入学习光栅衍射及其应用——相控阵雷达，加强学生物理知识的应用能力，并让学生在课堂讨论和撰写报告的过程中掌握解决科学问题的一般思路，培养学生的探索精神，激发学生的创新意识。

二十七、从浮点数的表示与运算看量变到质变

马虹　计算机学院

(一) 课程基本情况

课程名称：计算机组成原理

课程学时：64

课程学分：4

(二) 思政育人目标

结合浮点数知识点的讲解，使学生深刻领会"量变到质变"的哲学思想，从而树立正确的人生观、价值观，并养成严谨的治学态度。

(三) 与专业教学内容相结合的思政育人映射与融入点

"计算机组成原理"课程中，与专业教学内容相结合的思政育人映射与融入点如表27-1所示。

表 27-1　计算机组成原理课程中的思政育人映射与融入点

专业知识、技能	思政育人映射与融入点
专业知识：浮点机器数在计算机中的表示，采用 IEEE 754 标准。要求能够掌握 IEEE 754 标准，能够理解受限于计算机硬件，浮点数的尾数和阶码位数有限，导致浮点数不能精确表示，进而在计算过程中产生累积误差，当运算次数较多的时候，累积误差不能被忽略	量变可能导致质变，因此应该"不以善小而不为，不以恶小而为之"；在工作和学习中，要养成严谨的习惯，避免量变导致质变带来的巨大危害
专业技能：能够通过课前、课堂、课后学习、实践，培养自主学习的能力；通过课堂讨论、小组分享，培养学生团队协作、沟通交流的能力，从而探究浮点数在计算机中不能精确表示的原因，认识浮点数运算累积误差带来的危害，深刻领会量变与质变的辩证关系	

(四) 教学实施过程

在教学实施过程中，以"学生为中心"，根据学生的认知规律和学习习惯，通过线上线下配合，课前、课中、课后联动，讲授、看视频、动手实践、讨论、成果分享、撰写报

告相结合的方式，使每一个学生都真正参与其中，起到课程思政教育润物无声、春风化雨的作用。图 27-1 是"浮点数的表示与运算"教学实施过程。

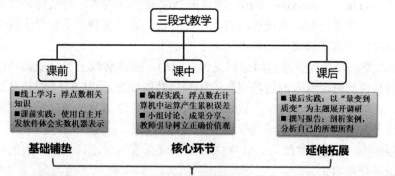

图 27-1 "浮点数的表示与运算"教学实施过程

(五) 教学方法和载体途径

本知识点教学分为课前、课中、课后三个阶段。

1. 课前

(1) 课前线上学习。上课前一周布置视频学习任务，要求学生课前自主学习并完成相关的练习题。需要自主学习的视频包括：

① 浮点数格式，mp4；

② 浮点数的规格化表示，mp4；

③ 浮点数的规格化表示例题讲解，mp4。

(2) 课前实践。学生使用课程组自主开发的机器数运算与转换软件：qjsm.exe(软件界面如图 27-2 所示)，进行真值与浮点机器数的转换，通过实践帮助学生理解浮点数在计算机中如何表示。

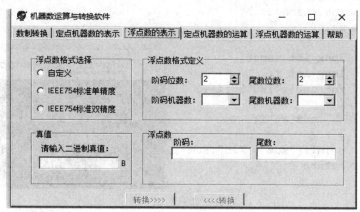

图 27-2 课前实践教学软件

2. 课中

课堂教学是三个环节中的核心环节，是学生知识学习、能力锻炼、素质提升、价值塑造的主战场。

(1) 前测。在课堂教学开始阶段安排课堂测试，时间控制在 10 分钟左右。测试采用在线测试的方式(hdu.fanya.chaoxing.com)，题目围绕课前学习内容，题型可采用选择题、判断题或填空题。学生提交后，系统自动判题给出分数。通过前测，了解学生课前学习的情况，也可以督促学生落实课前学习任务。

(2) 课堂讲授。课堂教学通过问题和案例来驱动，在课前线上教学视频基础上，结合前测中暴露的共性问题，深入剖析浮点数阶码和尾数的概念、IEEE754 浮点数的单精度和双精度格式、规格化浮点数、指定位数规格化和非规格化浮点数的表示范围、定点数和浮点数的相同与不同之处，使学生学懂学透并拓展知识范围。

(3) 课堂练习。布置课堂练习，让学生独立完成真值与规定格式浮点数的转换练习，促进所学知识进一步内化。

(4) 课堂实践与小组讨论。每个学生独立完成编程实践，分别将 1,000,000 个实数 0.1 和整数进行累加，打印输出计算结果，如图 27-3 和图 27-4 所示。

```
1  #include<stdio.h>
2  #include<windows.h>
3  int main()
4  {
5      float sum=0;
6      long int i;
7      for(i=0;i<1000000;i++)
8      {
9          sum += 0.1;
10     }
11     printf("sum = %f",sum);
12     return 0;
13 }
```

C:\Users\1-233\Desktop\未命名1.exe
sum = 100958.343750
Process exited after 0.3134 se
请按任意键继续. . .

图 27-3　浮点数运算产生的累积误差(在表示范围内)

```
1  #include<stdio.h>
2  #include<windows.h>
3  int main()
4  {
5      long int sum=0;
6      long int i;
7      for(i=0;i<100000;i++)
8      {
9          sum += 1;
10     }
11     printf("sum = %ld",sum);
12     return 0;
13 }
```

C:\Users\1-233\Desktop\未命名
sum = 100000
Process exited after 0.2438
请按任意键继续. . .

图 27-4　整数运算无误差(在表示范围内)

组织学生针对程序输出结果，展开小组讨论：① 基于本次课所学知识，分析实践结果的产生原因；② 结合日常工作生活案例，说说从中得到的启示。

(5) 小组讨论结果分享，思政内容融入。随机抽取 2~3 个小组分享讨论结果。学生会普遍认识到：

① 由于计算机硬件的限制(存储和计算字长有限)，导致浮点数无法在计算机中精确表示。随着计算次数的增多，浮点数存储的微小误差将不断累积，最终导致可观的偏差。

② 有的学生会认识到：量变可能导致质变。由此融入思政教学内容：即使是微不足道的偏差，累积起来，力量可能非常可怕。可以以阿利亚纳火箭失事以及海湾战争中，由于设计人员忽略浮点数计算的累积误差，导致火箭发射失败以及美国导弹击中自己军事基地为例子，加深学生的感性认识。由此，引导学生树立正确的价值观：在生活中"不以善小而不为，不以恶小而为之"；在学习工作中，应该爱岗敬业，从小事做起、从点滴做起，"众人拾柴火焰高"，为我国社会主义建设事业贡献自己微薄力量；在工作和学习中，要养成严谨的科研素养，避免微小误差累积给设计系统带来巨大损失。

③ 有的学生能认识到：对于浮点数不能精确表示，可以采用很多方法来解决。例如，银行在结算的时候，使用元、角、分，将浮点数转化成整数，可以有效解决浮点数在计算机中不能精确表示带来的问题。由此，引导学生在解决问题时要勤动脑、多思考，学会从不同角度探索问题求解的最佳方案。

3. 课后

完成课后作业及课后实践："聚沙成塔、集腋成裘"，以量变到质变为主题，展开调研，撰写报告，阐述自己的心得体会。

(六) 教学成效和教学反思

本次教学，通过课前、课中、课后三个阶段相互衔接，相互配合，确保知识、能力、素质目标有效达成。

(1) 知识目标达成。学生能够识别与表达计算机系统中的浮点数，能够理解由于计算机硬件的限制，实数在计算机中无法精确表达，从而导致浮点数运算会产生累积误差。

(2) 能力目标达成。通过课前、课后学习、实践，学生逐步建立起自主学习意识，自主学习的能力进一步加强；通过小组讨论及分享，学生的分析和解决问题能力、讨论交流能力、团队合作能力得到加强。

(3) 素质目标达成。通过浮点数计算案例的课堂实践、小组讨论及分享，学生能够深刻领会量变会导致质变，能够明白"不以善小而不为，不以恶小而为之"的道理、能够理解只有通过坚持不懈努力和积累才能达成个人目标及在社会主义建设目标，初步建立在学习、工作中应养成严谨、深入思考的意识。

二十八、从论文查重探讨串的模式匹配算法

徐翀　计算机学院

(一) 课程基本情况

课程名称：数据结构课程实践

课程学时：32

课程学分：1

(二) 思政育人目标

通过讲解字符串模式匹配算法，引导学生理解查重的概念，并因势利导讲解程序查重原理，引申到学术道德和自主创新，引入学术不端的反面案例，告诫学生做人一定要守住诚信这个底线。

(三) 与专业教学内容相结合的思政育人映射与融入点

在教学过程中，可施行的思政育人映射与融入点如表 28-1 所示。

表 28-1　数据结构课程实践中的思政育人映射与融入点

专业知识、技能	思政育人映射与融入点
专业知识：串的模式匹配算法 专业技能：熟练掌握串的模式匹配朴素算法(BF 算法)	引导学生了解查重概念和查重基本原理，引申到学术道德，告诫学生一定要做一个诚信的人

(四) 教学实施过程

整个教学实施过程遵从首要教学原理来进行。首要教学原理的核心主张是：在"聚焦解决问题"的教学宗旨下，教学应该由不断重复的四阶段循环圈——"激活旧知""示证新知""尝试应用"和"归纳融汇"等构成。具体实施过程见表 28-2。

表 28-2　教学实施过程

教学环节	教 学 内 容	时间分配(分钟)
课前准备	请同学们了解我校本科毕业设计论文查重的要求，了解文字复制比等基本概念	学生自由安排

续表

教学环节	教 学 内 容	时间分配(分钟)
激活旧知	回忆复习： (1) 串的基本概念 (2) 串的基本操作	10
示证新知	(1) 新知讲解：教师讲解模式匹配的朴素算法(BF 算法) (2) 呈现问题：串的模式匹配算法在论文查重中如何应用的	15
尝试应用	实战操练：请学生以定长的顺序串类型作为存储结构，给出具体的串匹配算法	10
归纳融汇	(1) 教师引导学生讨论：哪些问题属于学术不端问题？你如何看待学术诚信？ (2) 总结本节课重点难点知识：BF 算法，拓展介绍改进的串匹配算法(KMP 算法)并要求学生课后学习	10

(五) 教学方法和载体途径

教学过程中采用的教学方法有任务驱动法、问答法、讲授法、练习法和研讨法。

1. 任务驱动法

课前布置任务，让学生了解我校本科毕业论文的查重要求，要求学生初步了解论文复制比等基本概念。

课前任务单的准备工作，一方面让学生了解查重，激发学生对这一知识的兴趣，另一方面为课堂活动的顺利开展提供了有力的支持。

2. 问答法

在教学的第二环节"激活旧知"中，主要通过问答法来进行教学。教师提问字符串的基本概念和操作的问题：

(1) 空串与空格串有哪些区别？

(2) 如何判定两个串相等？

3. 讲授法

在教学的第三环节"示证新知"中，主要通过讲授法来进行教学。

教师首先讲解 BF 算法的基本原理和操作方法，再分析其算法时间复杂度，最后在此基础上讲解查重的基本原理和案例。

查重，全称为论文查重，其基本原理就是把提交的论文跟比对库的内容进行比对，如果发现有重复的内容，就标注和记录起来，最后把所有的标注内容进行汇总统计，跟提交论文的总字数进行相除，就得出了论文的总重复率。引入具体的查重案例，让学生有更深入的了解。

4. 练习法

在教学的第四环节"尝试应用"中,主要通过练习法来进行教学。

练习题:在串的定长顺序存储结构上实现串匹配算法。

5. 研讨法

在教学的第五环节"归纳融汇"中,主要通过研讨法来进行教学。

讨论题 1:你了解到哪些行为属于学术不端行为?

讨论题 2:你怎么看待大学生学术诚信这一问题?

除此之外,教师拓展 KMP 算法,学生在课后根据拓展资料学习。

(六) 教学成效和教学反思

通过该案例,学生不仅掌握了字符串的概念和相关算法,而且还了解了查重的基本原理。课堂上教师以实际案例演示让学生明白学术不端的后果,告诫学生一定要做一个诚信守信的人,在科学的道路上来不得半点虚假。

二十九、从脑起搏器的研发看医学仪器 国产化的重要性

刘珂舟 自动化学院

(一) 课程基本情况

课程名称：医学仪器原理及设计
课程学时：48
课程学分：3

(二) 思政育人目标

(1) 扎实掌握医用治疗和恢复仪器在设计时所涉及的电子、计算机、生理、信息与控制等工程基础知识，掌握信息的检测、转换和分析处理的原理与方法、仪器设计方法等专业理论知识。能够灵活在各知识领域间熟练切换，从而对同一问题有深入全面的理解与阐述。

(2) 熟知医用治疗和恢复仪器行业的前沿发展现状和趋势，了解医用治疗和恢复仪器市场的现状及最新进展；树立专业的职业操守与社会责任感，具有强烈的责任心和使命感，为实现"富强、民主、文明、和谐"的我国社会主义现代化国家的建设目标而努力。

(3) 掌握文献检索、资料查询及运用现代信息技术获取相关信息的基本方法。拥有网络辨别能力，能够在纷繁复杂的信息资源中识别真伪，在雄厚专业知识的支撑下，透过现象看本质，有良好的分析问题的能力。

(4) 具有自主学习和终身学习的意识，有不断学习和适应发展的能力，清楚学习是提升个人专业能力素质的重要途径。

(三) 与专业教学内容相结合的思政育人映射与融入点

在"医学仪器原理及设计"课程中，与专业教学内容相结合的思政育人映射与融入点如表 29-1 所示。

表 29-1　医学仪器原理及设计课程中的思政育人映射与融入点

专业知识、技能	思政育人映射与融入点
医用治疗和恢复仪器的概论及其重要性	熟知医用治疗和恢复仪器行业的前沿发展现状和趋势，了解医用治疗和恢复仪器市场的分布及最新进展；树立专业的职业操守与社会责任感，具有强烈的专业建设热情和责任心，具有强烈的爱国情感和使命感
各类电刺激器的工作原理及作用机制	扎实掌握电刺激器在人体不同部位工作时的基础知识，掌握信息量的检测、转换和分析处理的原理与方法、仪器设计方法等专业理论知识。能够灵活在各知识领域间进行熟练切换，从而对同一问题有深入全面的理解与阐述。 熟知其重要性，明确其在医学、康复、治疗领域的关键作用，具有专业研发热情与责任感；为该领域的关键技术研发、为解决卡脖子问题而努力
学生课外学习进行展示	具有分析问题、解决问题的基本专业能力，能够面对复杂的工程问题进行拆解、分析并提出解决方案、进行论证。同时掌握文献检索、资料查询及运用现代信息技术获取相关信息的基本方法，拥有网络辨别能力，能够在纷繁复杂的信息资源中识别真伪，在雄厚专业知识的支撑下，透过现象看本质。 具有自主学习和终身学习的意识，有不断学习和适应发展的能力，清楚学习是提升个人专业能力素质的重要途径

（四）教学实施过程

(1) 介绍医用治疗和各类恢复仪器。

教学方法：教师主讲并提问，学生回答并讨论。

(2) 首先讲解电信号在人体上作用效果的不同，接着以心脏起搏器开始，介绍各类电刺激器对不同疾病的治疗和功能的恢复作用，具体包括脑起搏器、肌肉起搏器等，最后强调它们的重要性。

教学手段：教师主讲，播放视频，课内实验，提问，学生回答并讨论。

(3) 学生展示自己课外的学习成果，主要包括任一款医用治疗和恢复仪器的工作原理、发展过程、优缺点及发展趋势。其他学生提问，并在教师的引导下进行讨论。

教学方法：教学角色互换。

（五）教学方法和载体途径

1. 辩证地看待传统与现代的有机统一

肌肉电刺激器最早应用于人体是和我国传统中医学中的针灸相结合，利用针的导电性，将电信号引入固定穴位，起到加强针灸效果的作用。对应的电子针灸刺激器因此应运而生。随着时代的发展，各类功能更多、应用更广的肌肉刺激器开始涌现，其作用也不再局限于穴位刺激。在课内实验中，对早期的电子针灸刺激器和近期的基于蓝牙控制的电子按摩器进行实际操作，使学生感受到中国传统医学与现代科技的完美结合，展示中华民族的智慧，这无疑会大大激发学生的民族自信心和民族自豪感，避免历史虚无主义。

2. 激发学生的使命感

关于电刺激器中的脑起搏器，可通过讲解获国家科技进步一等奖的张建国教授团队的案例培养学生的使命感。我国脑功能疾病患者约有 9000 万名，但脑起搏器的生产长期被美国垄断。2018 年度国家科学技术进步奖一等奖授予清华大学、首都医科大学附属北京天坛医院等机构合作完成的"脑起搏器关键技术、系统与临床应用"项目。这支产学研医相结合的团队历经 18 年合作攻关，使我国成为全球第二个掌握脑起搏器核心技术的国家。其自主研制的关键部件和系列化产品在全国 29 个省份的 180 多家医院应用。过去，由于受美国技术垄断，脑起搏器是临床上价格最高的高值耗材，接受双侧植入手术需要支付25～35 万元。1998 年至 2003 年，中国只有 312 位患者安装了进口起搏器；2003 年至 2009年，安装进口起搏器的共有 1700 人。产品国产化后，15 000 多例次患者得到了治疗，全国能开展脑起搏器植入术的医院从 60 家增加到 180 多家。我国自主创新的脑起搏器不仅令许多患者获益，更为广大医生和研究人员提供了国际领先的研究工具，使其能够开展更多临床新适应证和脑科学研究。

配合视频的播放，努力激发学生的专业热情和使命感，用科学家追求真理的历程来引导学生、教育学生，让科学家、学者、大师的科学人生成为激励他们奋发努力挑战学科前沿的动力。

3. 课堂讨论，多管齐下

现代教育技术的发展，使得信息获取变得快速有效，在医用治疗和恢复仪器的课堂讨论中采用以下两种教学方式和手段，将课程思政理念融入其中。

一是将学生分组后，采用分工协作、合作探究的方式，针对肌肉电刺激器如何实现捏、捶、敲等功能，电外科手术器械为了减少意外灼伤都有哪些方法和设计等热点问题或现象进行讨论。学生通过团队分析、讨论、辩论后发表意见。这样既培养了学生团结合作的意识，又拓展了学生的视野。要鼓励学生探索学科前沿，提高学科历史感。同时全面培养学生的创新思维，提高学生的学习主动性和课程自信心，进而开始规划适合自己兴趣的学习生涯。

二是鼓励学生多参加行业内专家或者科研人员的学术报告，或借助参观机会听企业工程师讲解生产案例和经验；鼓励学生参加医用治疗和恢复仪器有关的科普活动；鼓励学生参加学校的创新计划、省级乃至全国级别的大学生竞赛。教育学生知识的目的在于造福人类，只有这样才能实现自己的价值。

(六) 教学成效和教学反思

通过在"医用治疗和恢复仪器"这一章的内容中加入思政教学环节，学生更加扎实地掌握医用治疗和恢复仪器所涉及的基础知识，掌握相关专业理论知识，能够灵活在各知识领域间进行熟练切换，从而对同一问题有深入全面的理解。

通过国产化脑起搏器等科研案例的讲解和观看，激发学生的专业使命感，在扎实专业知识的支撑下，为研发高技术产品，提升我国科技水平而努力。

通过课外知识的学习、总结、归纳，学生具有分析问题、解决问题、修正方案、得出结论等专业知识。能够在纷繁复杂的信息资源中识别真伪，透过现象看本质。同时让学生具有自主学习和终身学习的意识，有不断学习和适应发展的能力，清楚学习是提升个人专业能力素质的重要途径。

这些教学成效将在 LabView 程序设计环节全部体现。学生在程序中体现出专业知识的运用和分析问题的能力，查找资料的能力，以及人文的关怀等。教师将据此全面客观地评估学生思政学习的效果。

三十、从计算机网络体系结构看开放与共享精神

俞武嘉　自动化学院

(一) 课程基本情况

课程名称：计算机网络技术
课程学时：32
课程学分：2

(二) 思政育人目标

(1) 引导学生思考网络架构设计背后的技术思想，培养学生建立开放平等的技术哲学观。

(2) 讲解网络协议在体系结构中的地位和作用，让学生掌握如何通过规则和约定满足系统交互需求并避免冲突，从中体现"共享、和谐"等优秀传统文化思想的现实意义。

(三) 与专业教学内容相结合的思政育人映射与融入点

"计算机网络技术"课程中，与专业教学内容相结合的思政育人映射与融入点如表30-1所示。

表 30-1　计算机网络技术课程中的思政育人映射与融入点

专业知识、技能	思政育人映射与融入点
1. 计算机网络的设计原则	1. 计算机网络体系结构的设计原则，体现了平等、开放的技术价值观
2. 计算机网络体系结构的分层设计原理	2. 分层结构思想是典型的化整为零解决复杂问题的技术方法论
3. 网络协议的概念与应用	3. 说明规则对于系统正常运行的重要性，它使得竞争与退让、共享与独占能和谐统一

(四) 教学实施过程

采用启发式教学设计，用相互衔接的多个"问题—思考—讨论"过程组织起整个教学

活动。思政内容采用嵌入融合式，即在问题的引导、讨论过程中融合进思政教学内容，在隐性的润物细无声的过程中实现。教学实施过程如图 30-1 所示。

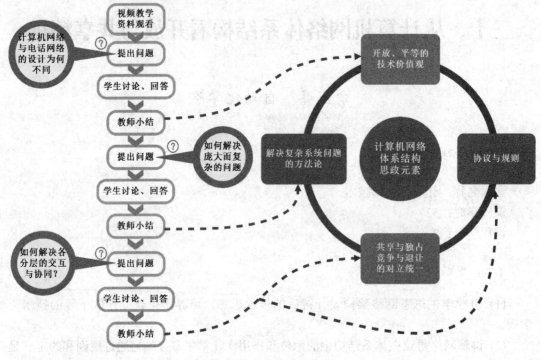

图 30-1　教学实施过程

(五) 教学方法和载体途径

(1) 从观看视频教学资料入手，引出体系结构的设计问题。在问题的讨论中，对比分析电话网络和计算机网络的异同点，引导学生发现和理解计算机网络体系结构设计背后的技术哲学。

(2) 在学生了解基本概念的基础上，推动学生进一步思考，像计算机网络这样的大规模复杂系统应当如何设计规划，从而进一步带出分层结构的问题的讨论，让学生了解和掌握"分层"可将庞大而复杂的技术问题转化为若干较小的局部问题，便于对其进行处理和解决。

(3) 采用 PPT 图形动画展示了分层结构的基本特点后，再一次提出问题：分而治之后的系统正常运行需要哪些条件？分层的各层如何交互？对等的层次如何交互？在学生的回答或讨论中引出网络协议和服务的概念，并在讨论中结合计算机网络基于协议规则下的"共享与独占""竞争与退让"等对立概念，让学生进一步深入理解计算机网络技术中蕴含的"和谐统一"及"人人为我，我为人人"等优秀价值观。

(4) 案例采用形成性评价和终结性评价相结合的评价方法。对教学过程中的提问回答、讨论环节进行记录，作为形成性评价的依据。课后布置作业与思考题，作业题主要作为学生知识掌握程度的评价。而思考题自主性较大，能更多地反映本案例在立德树人等思政元素方面对学生的影响。

(六) 教学成效和教学反思

通过案例，以问题推动教学活动开展，将"提出问题、分析问题、解决问题、知识建构"贯穿整个教学过程，教学成效主要通过教学过程中的问题回答与讨论环节，以及课后思考题的回答中反映。同时，本案例采用了课堂讲授结合视频资料、课堂提问、分组讨论和课后思考题等多种教学手段，通过学生自身主动的探究来组建学科知识结构，可以培育科学思维、提高综合素质并树立良好的技术价值观。

三十一、网络生态文明之多媒体内容真实性认证

王慧　网络空间安全学院

(一) 课程基本情况

课程名称：信息隐藏技术
课程学时：32
课程学分：2

(二) 思政育人目标

(1) 由浅及深，以小实例折射大道理，向学生传授信息隐藏技术的相关知识及实际应用场景，帮助学生正确地树立信息化新时代的数字信息真实性、完整性的合法取证意识。

(2) 通过引入数字化信息时代多媒体应用的大众普及性，激发学生提高对个人创作数字多媒体产品的安全维护意识，树立良好的版权保护意识、知识产权保护意识、隐私及权限等级保护意识等。其中在多媒体内容认证应用中，学习如何通过信息隐藏技术，实现并推进富强民主文明和谐价值观的多媒体内容信息的传播；检测及屏蔽网络中带有恶意扭曲价值观的多媒体信息内容。培养学生树立战略思维、系统思维、创新思维，继承和发扬网络优良道德品质，建设社会主义核心价值观的网络生态文明。

(三) 与专业教学内容相结合的思政育人映射与融入点

本课程中，与"数学水印技术的应用"专业知识相关的思政育人映射与融入点如表31-1所示。

(四) 教学实施过程

在教学中，通过"教、学、做"一体化的教学模式，将价值导向与知识传授相融合。"教"，主要包括理论背景知识的讲解和技术算法的讲解两个方面。"学"，要引导学生通过课上的辩论和课后作业学习相关理论知识，并能够结合现实生活的案例，灵活创新地将不同技术应用于不同应用场景中。"做"，则通过实验中的一次上机作业练习，让学生真正做到水印算法的设计与仿真，以及实现对数字多媒体内容真实性及完整性的主动保护功能。

该知识点教学实施过程为3学时，其中包括1学时的课前视频学习，1学时的课上小组讨论和1学时的算法讲解。整个教学模式操作流程图如图31-1所示。

表 31-1　信息隐藏技术课程中的思政育人映射与融入点

专业知识、技能	思政育人映射与融入点
数字水印技术的应用：多媒体信息的内容真实性认证及检测	1. 科学思维：辩证思维、底线思维、法治思维 通过案例"华南虎照""约翰·克里虚假照片"等引出学生对当今数字多媒体信息时代的媒体报道内容真实性的辩证思考。 2. 价值理念：社会主义核心价值观——富强民主、文明和谐、自由平等、公正法治、爱国敬业、诚信友善 学生可自己搜索新闻，分析恶意的内容篡改事件会引发的社会不平等和不公正待遇，以及造成的社会不和谐隐患。训练学生科学思维，采用科学创新的技术手段，主动保护信息内容的完整性和安全性，维护社会主义核心价值观。 通过数字水印技术，将认证水印嵌入需要保护的媒体文件中，当部分媒体信息被人恶意的篡改后，通过水印的提取可以检测媒体文件内容是否被篡改，定位篡改位置。好的水印技术甚至可以恢复原始的真实信息。使学生在水印技术的设计和使用过程中更好地运用和融入战略思维、系统思维和创新思维，培养学生的综合水平

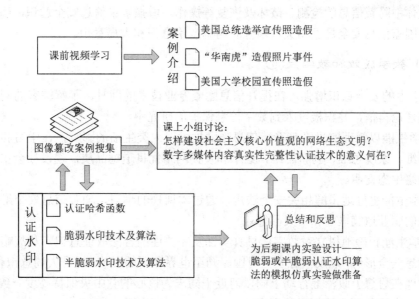

图 31-1　"网络生态文明之多媒体内容真实性认证"教学实施过程流程图

(五) 教学方法和载体途径

1. 采用案例教学法

(1) 约翰·克里为第 68 任美国国务卿。当年在一个反越战演讲现场，为了加强新闻报道的效果，摄影师把当时的另一个反越战者——简·方达女士(1972、1978 年的奥斯卡影后)粘贴到克里先生的照片上。30 多年后的 2004 年时，这张照片竟然被翻了出来，说他是个不诚实的人。结果是小布什赢得了那届的选举。

(2) "华南虎"照片事件是一起发生于 2007 年 10 月 3 日，陕西省安康市的修图造假事件。陕西省安康市镇坪县城关镇文采村村民周正龙宣称于神洲湾拍摄到濒危动物野生华南虎的照片。为此周正龙获得了许多荣誉证书及奖励。但照片公布后，照片的真实性受到了许多质疑。人们怀疑该照片与 2002 年生产的年画上的老虎极为相似。2008 年 6 月 29 日，陕西省人民政府新闻发布会通报周正龙所拍摄照片中"老虎"实为老虎纸画。

通过这些图像内容篡改案例，让学生辩证思考"内容真实性认证"在生活中的作用和地位。有哪些篡改在哪些场景下是绝对不容许的，又有哪些篡改会引发社会的不公平待遇。课堂上可以组织学生辩证讨论，引导学生深入思考如何继承和发扬网络优良道德品质，从而尽自己最大的努力为建设社会主义核心价值观的网络生态文明做出贡献。

2. 载体途径

在教学中，载体途径主要有视频、实事新闻短片、PPT、网络新闻、课内实验设计、课堂讨论等形式。考核通过课后作业、一次实验设计、期末考试等形式进行。

在上机实践中实现数字水印算法的仿真应用。将每 3～4 个学生分为一个小组，以小组为单位展示并讲解其实现的信息隐藏和隐写技术。增强学生的团队合作意识，设计合理的分工协作，体会如何平等公正分配工作及如何诚信友善互相帮助完成团队项目。小组与小组之间可以进行相互的信息攻与防。寻找其他小组信息隐藏技术的不足，尝试完成对未知图像载体中隐蔽信息的检测、破坏及恢复等操作。增强学生信息安全意识，明确个人信息安全与国家信息安全息息相关，增强和明确政治意识和大局意识。

（六）教学成效和教学反思

（1）学生的安全意识增强，在提升信息隐藏专业技术的同时，了解国家的网络安全战略，增强理论自信，并积极投入到数字信息保护的研究中。

（2）学生能以辩证的思维来看待信息隐藏技术对人类生活的影响，在学习和研究中树立战略思维、系统思维、创新思维，继承和发扬网络优良道德品质，建设社会主义核心价值观的网络生态文明。

（3）学生能更好地了解相关安全法规，通过本课程的学习，增强信息安全维护意识，提高自己的职业道德操守和个人品德。

（4）学生能正确地树立对数字信息真实性及完整性的合法取证意识，从战略思维理解目前的信息安全形势，以及信息安全对国家乃至世界和平的影响，提升大局意识和全局观。更加自觉地在思想上政治上行动上同以习近平同志为核心的党中央保持高度一致，更加扎实地把党中央的各项决策部署落到实处。

三十二、破土萌芽

——实现自主 CAD 软件开发和设计

林 弥 李付鹏 电子信息学院

(一) 课程基本情况

课程名称：电路与电子线路综合设计
课程学时：32
课程学分：2

(二) 思政育人目标

通过对我国自主研发的模拟集成电路仿真平台 IC-CAD 熊猫系统的介绍，讲述 CAD 软件开发和设计中的故事，特别是我校多位教师在熊猫系统研发过程中做出的重大贡献。通过描述 IC 行业在杭州电子科技大学的历史传承，厚植学生的爱国情怀，激发学生自觉担当科技强国新使命，为实现中国芯中国梦而努力奋斗。

(三) 与专业教学内容相结合的思政育人映射与融入点

在"电路与电子线路综合设计"课程的教学过程中，可施行的思政育人映射与融入点如图 32-1 所示。

表 32-1 电路与电子线路综合设计课程中的思政育人映射与融入点

专业知识、技能	思政育人映射与融入点
理解电路仿真模型和元器件实际特性之间的关系，掌握器件模型的工作原理；了解模型与实际器件之间的区别，洞悉仿真过程的局限性，深入理解 CAD 软件在解决电子信息类复杂工程问题中的应用	过去几十年中，计算机辅助设计 CAD 系统基本上是美国的天下，中国自主研发的 CAD 软件几乎全军覆没。课程以此作为切入点，给学生讲述我们绝对自主研发的 CAD 系统——熊猫三级系统的故事。中国研发人员历尽艰辛，终于在 CAD 软件领域进行了基础性的探索并取得了一定的成果。结合美国对华为、中兴等企业打压的现状，树立学生爱国情怀和为实现中国梦而努力奋斗的信念

(四) 教学实施过程

本案例结合"电路与电子线路"课程的"设计软件简介"内容，以教师讲述及师生互动的研讨式教学方法为主，在介绍仿真软件及其操作和应用过程中，融入课程思政内容，如图 32-1 所示。通过讲述我国自主研发的集成电路计算机辅助设计系统——IC CAD 熊猫三级系统的故事，特别是我校严晓浪、孙玲玲、胡建萍等多位教师在熊猫系统研发中做出的重大贡献，学习老一辈教师的爱国情怀。同时结合华为、中兴等国际国内热门实事为案例，厚植学生的爱国情怀，激发学生投身集成电路产业的决心。

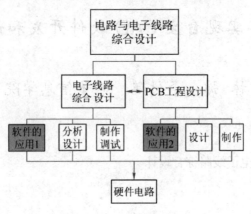

图 32-1   课程实施环节

(五) 教学方法和载体途径

1. 案例描述

说起集成电路计算机辅助设计系统 IC CAD，同学们的脑子里会浮现的大部分都是诸如 Cadence、Synopsys、Avanti 等业界顶级系统。大家有没有发现，绝大部分知名系统和知名开发公司都是欧美国家的，而属于我国的设计软件寥寥无几。中国在之前的几十年中，在 CAD 开发和设计领域几乎全军覆没。CAD 产业具有重大的战略意义，它是技术创新的源头，关系到整个国家的集成电路设计能力。1989 年美国工程科学院评出了近 25 年来全球 7 项最杰出的工程技术成就，其中第 4 项就是 CAD 软件。

因此，1988 年我国决定开始研发自己的 CAD 系统。研究团队集合了当时国内几乎所有从事集成电路 CAD 的科研人员，包括北京集成电路设计中心等 16 个国内重点科研单位 200 多位科技人员，我们杭州电子科技大学也是主要参与方。我们学院的严晓浪、孙玲玲、胡建萍等教授也在其中做出了巨大的贡献。历时 4 年的艰苦努力，1992 年，我国第一个拥有完全自主知识产权的集成电路设计软件平台——超大规模集成电路计算机辅助设计熊猫系统终于研发成功了。

熊猫系统的成功研发，标志着我国已经拥有独立研制、开发大型集成电路应用系统的能力，是我国在集成电路技术发展的里程碑，中国已跻身于世界上少数几个自有版权 IC——CAD 系统的拥有国。

电子专业的学生是未来国家集成电路产业的后备力量。电子信息学院从上世纪 80 年代就开始研究设计开发集成电路芯片，每年都为国家培养输送了大批的集成电路技术人才。芯片国产自主化，我们责无旁贷。希望各位同学能牢记杭州电子科技大学老校长蒋葆增"国家大事，千万尽力"的遗训，牢记自己的使命，为中国芯片事业努力拼搏。

同时，最近的华为、中兴事件也告诉我们，一般技术可以引进，关键核心技术却是要不来、买不来、讨不来的。中国不可能买来一个现代化，中国要强盛、要复兴，就一定要大力发展科学技术，努力成为世界主要科学中心和创新高地。我们只有坚持科技自立，把关键技术、核心装备牢牢掌握在自己手中，才能从根本上保障国家经济安全，迈出高质量发展的铿锵步伐。集成电路产业作为信息技术产业的核心，在国民经济关键领域中起着关键作用，国家也部署了集成电路发展的重要战略。只有培养自己的集成电路设计人才、发展自己的集成电路核心技术，才能为国之富强的中国梦不断努力，用中国之芯耀眼整个世界。

2. 课堂讨论

(1) 你如何看待美国打压华为、中兴事件？

(2) 中国在自主研发的 CAD 软件领域有什么新的进展及成果？

(六) 教学成效和教学反思

科技兴则民族兴，科技强则国家强。一个国家、一个民族、一个社会需要重视科技的历史作用。新一轮的科技革命和产业变革风起云涌，世界经济格局正在重新洗牌。正如华为海思在公开信中所言，"今后的路，不会再有另一个十年来打造备胎再换胎了，缓冲区已经消失"。今日中国，已拥有世界最大规模的研发队伍，正汇聚成科技自立的巨大潜能。希望学生通过本次案例的学习，能放眼全球，在今后科技自立的大路上也能做到迎难而上、勇毅前行，誓将竞争与发展的主动权牢牢掌握在自己手中！

教学过程中引入学生喜欢的故事情节、热门时事，特别是故事中还出现了本校、本学院的知名教师，可以引起学生的共鸣，唤起他们内心的斗志。但是随着时间推移故事会被渐渐淡忘，难以对学生起到持久作用。在接下来的教学中，教师需要进一步紧跟时事变化，不断地设计、改进、完善教案，才能让这种共鸣持续回响。

三十三、当代集成电路之痛与砥砺前行的
中国女科学家

郑　鹏　龙丽媛　吴章婷　电子信息学院

(一) 课程基本情况

课程名称：固体物理

课程学时：48

(二) 思政育人目标

通过对中国半导体之母、固体物理学大师谢希德先生早年求学与归国后工作先进事迹的介绍，使学生体会老一辈固体物理科学家一心为国、舍小家为大家的艰苦奋斗精神，培养学生的爱国情怀，帮助学生树立为建设社会主义科技强国而奋斗的信念和胸怀，也同时激励当代女性以谢希德先生为榜样，为我国的科技崛起做出贡献。

(三) 与专业教学内容相结合的思政育人映射与融入点

"固体物理"课程中，与专业教学内容相结合的思政育人映射与融合点如表 33-1 所示。

表 33-1　固体物理课程中的思政育人映射与融入点

专业知识、技能	思政育人映射与融入点
固体物理学：能带理论	通过对固体能带论发展，特别是我国固体能带理论的发展情况的介绍，引出对我国固体能带理论研究的开展做出突出贡献的谢希德先生；通过对谢希德先生的生平事迹的介绍，培养学生的世界观和价值观

(四) 教学实施过程

教学过程以案例和研讨式教学方法为主。教学实施过程如图 33-1 所示。

图 33-1　案例教学实施过程

(五) 教学方法和载体途径

本案例在教学过程中主要介绍和讨论谢希德先生求学、归国、工作三个方面的事迹。

在介绍谢希德先生早年求学的过程中，主要突出其幼年对抗病魔的经历。在旧社会，身为一个女性求学本来就是一件非常艰难的事情，而在这个过程，谢希德先生又体弱多病，让她的求学之路变得更加坎坷。在这种情况下，谢希德先生并没有向命运屈服，几经坎坷终于获得了麻省理工学院的博士学位。通过这些事迹可以有效地告诫学生，在这个世界上，即使在今天，也不是每个人都能得到很好的教育资源和教育机会，既然我们有幸获得了这种教育资源和机会，就应该更加珍惜，不能因为眼前的安逸而放弃对未来的奋斗。

在谢希德先生曲折的归国过程中，体现出了先生心系祖国，为国奋斗的奉献精神。当时，国外所能提供的科研条件对一个科技工作者来说是十分有吸引力的，但谢希德先生从新中国成立时就定下了要回国报效祖国的志向，并在多个场合表达过对祖国的热爱，最终在 1952 年成功回到祖国。通过这件事情教育学生：国和家的概念是很难分开的，家是最小的国，国是千万家；只有建设好国家，才能建设好自己的小家，人生在世，唯家与国不可辜负！以此培养学生的家国情怀。

介绍谢希德先生归国后对中国半导体事业发展所做出的贡献。谢希德先生撰写了最早的固体物理和半导体物理教材(见图 33-2)，培养了最早的一批半导体行业骨干，高瞻远瞩地开拓了中国固体物理和半导体物理的前沿研究。在这期间，先生身患疾病，癌症三次复发，仍然坚持在工作岗位上，即使在住院期间，也不忘工作，恪尽职守，丝尽炬熄为国邦(见图 33-3)。通过这些事迹的讲述，结合当前我国半导体芯片行业的发展现状，激励学生在专业学习和工作中努力奋发，为中国固体物理和半导体物理的发展而奋斗，为国家和民族的富强而奋斗。

图 33-2　《半导体物理学》黄昆、谢希德著　　　　图 33-3　谢先生在病床上工作

(六) 教学成效和教学反思

通过本案例的讲述与探讨，学生们更加珍惜教育资源和教育机会，课上抬头率明显提高。学生对固体物理课程内容的兴趣也得到了进一步提升，课上与老师互动更加积极，课下作业的完成度也明显提高。尤为突出的是，经过本课程的学习，不少同学均表示有意愿将固体物理和半导体元器件作为以后的考研方向，期望能在这些方向上获得深造，为中国的半导体事业的发展做出自己的贡献。

三十四、突围

——铁氧体抗 EMI 器件

郑梁 电子信息学院

(一) 课程基本情况

课程名称：EMC 理论与实践
课程学时：48
课程学分：3

(二) 思政育人目标

通过介绍我校教师在元器件行业、EMC 领域勇于创新，以点带面突破国外技术，占领国际龙头地位的过程和贡献，突显杭电人的风采，激励青年学子对学校、对国家、对民族的自豪感，增强学生自信心，培养学生爱国情怀，以更大的激情投身于学习中，以科学报国，为中华民族复兴尽自己的力量。

(三) 与专业教学内容相结合的思政育人映射与融入点

"EMC 理论与实践"课程中，与专业教学内容相结合的思政育人映射与融入点如表34-1 所示。

表 34-1　EMC 理论与实践课程的思政育人映射与融入点

专业知识、技能	思政育人映射与融入点
铁氧体 EMI 抑制器件	在介绍吸收型滤波器时，引出铁氧体抗 EMI 器件，讲述当前全球 70%～80%的抗 EMI 器件是由本校老师设计实现，激发学生对学校、国家、民族的自豪感，增强学生自信心，培养学生爱国情怀

(四) 教学实施过程

以讲述和研讨式教学方法为主，介绍和讨论我校教师研制 MgMnCuZn 铁氧体抗 EMI 器件的先进事迹(见图 34-1)。我校教师通过原始创新，以点带面突破了国外的技术，占领国际龙头地位，在成果转化与产业发展中做出了重要贡献，突显了杭电人的风采。力图以此培养学生的爱国情怀，激励他们以更大的激情投身于学习中，以科学报国，为中华民族复兴尽自己的力量。

图 34-1　我校秦会斌教授(左一)和周继军教授(前排右一)等在产业化基地科峰公司生产现场

(五) 教学方法和载体途径

本次课程采用案例教学法和讨论教学法。

一般 LC 滤波器属反射式滤波器，其缺点是当它和信号源不匹配时，一部分有用能量会被反射回信号源，从而导致干扰电平的增加。为拓宽抑制带宽，在电磁干扰滤波器中还用了一种吸收式滤波器，使得有用信号可以有效地通过，而不需传输的能量则被其转化为热能。目前广泛使用的吸收型滤波器主要是由铁氧体磁性材料制成。

20 世纪初期，世界上该类型器件的最大生产商是日本 TDK，主要采用 NiZn 铁氧体吸波材料进行研制。2002 年，秦会斌教授与周继军教授提出 MgZn 铁氧体抗 EMI 器件新体系，在达到 TDK 的产品水平的基础上，原材料成本降低到四分之一。该技术在湖州科峰磁业有限公司得到转化，成功将日、韩等产品逐出中国市场，并打入国际市场。目前湖州科峰磁业有限公司已成为全球最大的专业生产抗 EMI 器件的厂商。在湖州以科峰磁业为"龙头"形成了一个抗 EMI 磁芯产业集群，服务对象有 IBM、DELL、通用汽车、苹果等。

通过对抗 EMI 器件的介绍，引出当前我们在电子元器件行业的地位。我国电子信息产业的销售收入已达全球第一，但是 2017 年我国电子信息制造业利润总额只有 7000 多亿元，行业平均利润率只有 5.4%；具有核心知识产权竞争力的零部件主要依靠进口，高额利润被国外上游厂商攫取。我国全球规模的电子信息制造依然是以整机组装为主，处于国际分工的下游，产品附加值低，与美、欧发达国家相比竞争力仍然偏低。我们所缺少的，不仅仅是集成电路，在高端元器件方面也面临全面发展不足的劣势。

以抗 EMI 器件研制的故事为载体，跟学生讨论如何以点带面，突破国外在高端元器件的技术封锁，提升我国电子科学与技术领域的整体水平。

(六) 教学成效和教学反思

通过本案例教学，突显杭电人的风采，激励青年学子对学校、对国家、对民族的自信，增强学生自信心，培养学生爱国情怀。

三十五、快乐源泉"多巴胺"如何主导
我们的情感

孙芳芳　自动化学院

(一) 课程基本情况

课程名称：生物化学
课程学时：48
课程学分：3

(二) 思政育人目标

(1) 通过毒品事件，引导学生思考毒品作用的分子机制，同时揭示毒品的危害，旨在培养学生的法律意识，增强其抵抗诱惑的能力。

(2) 培养学生树立正确的人生观、世界观、价值观。

(3) 理解一定要在毒品面前"冷酷到底"，才有可能让人生"最美"。帮助学生树立热爱生命、珍惜生命的意识。

(三) 与专业教学内容相结合的思政育人映射与融入点

"生物化学"课程中，与专业教学内容相结合的思政育人映射与融入点如表 35-1 所示。

表 35-1　生物化学课程中的思政育人映射与融入点

专业知识、技能	思政育人映射与融入点
细胞信号转导	结合素材案例和教学目标，在学生掌握教学目标要求的同时，贯穿思政教育要点： ① 引入吸毒事件，激发学生思考毒品的作用机制，引出细胞信号转导的概念； ② 多巴胺的产生机理与吸毒成瘾的机制分析，揭示毒品的危害

(四) 教学实施过程

教学过程：以讲授和讨论相结合的教学形式进行。

　　先提出吸毒事件，然后启发学生思考毒品的作用机制是什么。引出细胞信号转导的基本概念和典型的信号转导通路。

　　在案例的引导下，提高学生们对"生物化学"课程中"信号转导"内容的学习兴趣，同时通过多巴胺信号转导通路的例子，深化学生们对信号转导的理解。

　　学习专业知识的同时，对毒品诱惑、毒品的危害进行讨论，进一步加强思政教育，培养学生热爱生命、全面提高防毒、拒毒意识，决不让毒品沾染美好的青春。

(五) 教学方法和载体途径

1. 教学案例

　　由学生讲述 2000 年因"多巴胺的发现"而成就诺贝尔奖的故事，激发学生对多巴胺的好奇心，同时引出本节课的内容。

　　PPT 展示某歌手的图片，引入一个小故事：2009 年 5 月，某男歌手因涉嫌吸毒被抓，令人痛惜不已。原本有着阳光形象，凭借一首质朴的歌曲而红遍大江南北的情歌歌手，由于毒品的侵蚀，最终毁于一旦，成为广大歌迷粉丝嘲笑的话柄。公众人物本该起到表率作用，但很显然，有的公众人物没有做到，反而成为了负面榜样。因涉毒而陨落的名人明星有很多。虽然国家对涉毒犯罪一直保持高压态势，坚持"零容忍"，但是他们仍然明知故犯，以身试法，给喜爱他们的广大粉丝造成了极其恶劣的负面影响。

2. 毒品的危害

　　根据新型毒品的毒理学性质，毒品可以分为四类：第一类是以中枢兴奋作用为主的苯丙胺类兴奋剂；第二类是致幻剂；第三类是兼具兴奋和致幻作用的毒品(如摇头丸)；第四类是中枢抑制作用物质。毒品害人害己，不要因为有猎奇的心理，就去尝试，因为一旦沾染上就很难戒除。

　　毒品的危害不容低估，主要体现在以下几点：

　　(1) 毁灭自己：不同的毒品摄入体内，都有各自的毒副反应，对健康形成直接或严重的损害，吸毒过量甚至会导致死亡。吸毒会导致免疫力低下，容易感染传染性疾病，导致肺炎、肾衰竭、精神障碍等恶性疾病。

　　(2) 祸及家庭：家中一人吸毒，就意味着这个家庭贫穷和充满矛盾的开始，最终妻离子散，家破人亡往往就是吸毒者家庭的结局。

　　(3) 破坏社会生产力：首先吸毒者因吸毒导致的身体疾病影响生产，其次会造成社会财富的巨大损失和浪费。同时，毒品活动还会造成环境恶化，缩小人类的生存空间。

3. 教学知识点的巧妙结合：毒品作用和成瘾的分子机制

　　从生物化学层面上讲，毒品是如何发挥作用，又为什么会让人上瘾并难以戒除呢？目前的研究认为这与人脑中的多巴胺有关(如图 35-1 所示)。多巴胺在体内是由酪氨酸制成的，酪氨酸在酪氨酸羟化酶的催化下生成多巴胺。阿尔维德·卡尔森因确定多巴胺为脑内信息传递者的角色，赢得了 2000 年诺贝尔医学奖。多巴胺又被称作"快乐物质"，因为它能够传递兴奋及愉悦等信息。当我们遇到快乐的事情，比如梦想实现、好友重逢、受到夸奖等，或是沉浸在甜蜜的爱情中时，多巴胺就会大量产生。

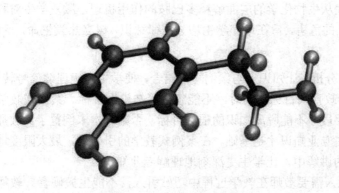

图 35-1　多巴胺的分子结构

　　如图 35-2 所示，产生的多巴胺与人脑中的多巴胺受体结合。多巴胺受体为七次跨膜的
G 蛋白偶联受体，目前已分离出五种多巴胺受体。当多巴胺与受体结合后，受体活化激活
下游的腺苷酸环化酶 AC，AC 催化 cAMP 的合成，cAMP 再激活蛋白激酶 A(简称 PKA)，
PKA 再使其下游分子磷酸化，从而传递信息，并让人最终产生幸福快乐的感觉。

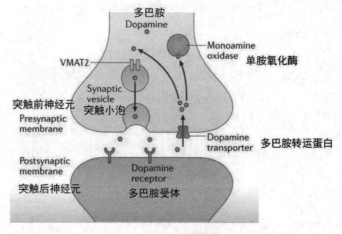

图 35-2　多巴胺的作用机制

　　当毒品进入大脑时，会刺激多巴胺的释放。这样，多巴胺就会持续与受体相互作用，
持续产生欣快感。频繁大量地使用毒品，人的身体就会强制将多巴胺升高，破坏大脑正常
的约束机制，最终让人对毒品上瘾。由外界刺激或者人的活动导致的多巴胺上升，并不会
一直维持高水平，只要停止毒品的摄入，多巴胺含量就会下降，甚至降得比正常水平还低。
只有不断增加毒品的用量，才能保持人体在生理和心理上的平衡。反复多次后，人体对毒
品的耐受性提高，药物作用逐渐减弱，吸毒者只能不断地加大吸食剂量。一旦停止外来供
应，大脑一时又无法补充多巴胺，身体就会陷入一场供需危机，人就会出现因多巴胺分泌
失调而引发的各种生理症状，这样就会使吸毒者愈陷愈深不能自拔。

　　(六) 教学成效和教学反思

1. 教学成效

通过对毒品案例的介绍，引导学生树立正确的人生观和价值观；通过分析多巴胺的分

子结构，引导学生从生物化学的层面解释多巴胺的作用机理，激发学生对科学知识的探索和追求；揭示毒品的危害，旨在培养学生增强法律意识，树立热爱生命，珍惜生命的意识。

2. 教学反思

(1) 通过案例分析，让知识点与案例巧妙结合，使学生正确理解信号转导的作用机理。

(2) 在实现思政育人目标的同时，不能忽视"知识"目标。案例式教学只能作为知识传授过程的一种手段，不能脱离知识的根本目标，否则就本末倒置了。教师在融入案例的同时，必须要明白专业知识才是基础。在案例式教学的引导下，最大限度地丰富专业知识点，在案例故事的讲解中，让学生更深刻地理解专业知识。

(3) 思政的融入需要教师在教学过程中巧妙引入，不能生搬硬套。教师需要深挖专业知识中的思政元素并进行润物细无声的引入，在学生学习知识点的同时，提高学习乐趣。

三十六、从"安能辨我是雌雄"理解信号的频谱

何美霖　通信工程学院

(一) 课程基本情况

课程名称：信号与系统

课程学时：48

课程学分：3

(二) 思政育人目标

(1) 通过理解科学家傅里叶的论断——信号分解成正弦信号的线性叠加，了解傅里叶曲折、漫长的科学研究，几经波折最终得到大家认同的过程，体会科学家探索科学、追求真理的钻研精神，培养学生迎难而上、百折不挠、不忘初心、方得始终的科学精神。

(2) 遇到瓶颈问题一筹莫展时，不要被固定思维所束缚，换个角度，换种思维，大胆创新。

(三) 与专业教学内容相结合的思政育人映射与融入点

"信号与系统"课程中，与专业教学内容相结合的思政育人映射与融入点如表 36-1 所示。

表 36-1　信号与系统课程的思政育人映射与融入点

专业知识、技能	思政育人映射与融入点
信号的频谱分析，含周期信号的傅里叶级数展开，非周期信号的傅立叶变换。 傅里叶的观点：任何信号都可以分解成正弦信号的线性叠加。 1. 为什么是正弦信号？ 2. 由哪些频率的正弦信号组成？ 3. 这些正弦信号的幅度/相位是多少？	通过对周期信号的傅里叶级数展开的历史回顾，反映出科学家做学问，需要经过长期的探索和追求，有时还会遇到强烈的反对，必须具备不畏惧挫折、不彷徨退缩的钻研精神。指明当代大学生应有的使命，树立远大目标，为社会的发展做出自己的贡献。 点出掌握频谱概念的意义，从另一个角度更好地理解信号，更加方便地进行信号处理和系统分析。 1. 借助 PPT 动画，将爱因斯坦/玛丽莲·梦露的合成肖像及其动画导入，放大时看到爱因斯坦，缩小时看到梦露。设置悬念：频谱将如何解释这一视觉现象，从而吸引学生注意力，调动学生积极性。

续表

专业知识、技能	思政育人映射与融入点
4. 只有满足 Dirichlet 条件的周期信号才可以分解成正弦信号的线性叠加。 5. 满足 Dirichlet 条件的非周期信号也可以分解成正弦信号的线性叠加。 总结归纳：傅里叶级数展开式连接周期信号时域和频域的桥梁，傅里叶变换是连接非周期信号时域和频域的桥梁	2. 从肖像之谜，过渡到周期信号的傅里叶级数展开的历史回顾，启发学生思考傅里叶变换的发展演进过程中科学家们的坚持付出，以及这一研究成果如何最终在数学、科学和工程等众多领域产生巨大的影响。 3. 理论联系实际，引出应用实例，感受傅里叶变换频谱分析带来的好处。 (1) 声音信号的频谱：分析一段带有高频噪声的《我和我的祖国》的音乐，抛出问题：如何区分乐音和噪声。演示利用频谱，揭示这段声音信号的构成，滤掉高频部分，还原声音信号并对比。 (2) 肖像信号的频谱：照应开头的爱因斯坦/玛丽莲·梦露的合成肖像，利用频谱的概念，解密合成肖像之谜。 总结归纳：同一种信号有两种表示方法：时域表示方法，时变函数；频域表示方法，频谱。傅里叶变换就是连接信号时域和频域的桥梁。信号在时域表现不明显的特征，通过傅里叶变换，可能会在频域凸显出来。这样，有利于我们开阔思路，分析解决实际问题。 《周易》曰："穷则变，变则通，通则久"。这句话概括了自然变化的一个基本特征，即万事万物发展到一定阶段，都会遇到瓶颈。这时要主动调整、主动变化，在调整和变化中寻求到新的发展路径，通过不断的动态调整，以保证国家事业、民族复兴能够稳定持续地发展

(四) 教学实施过程

导入爱因斯坦/玛丽莲·梦露的合成肖像及其动画，放大时看到爱因斯坦，缩小时看到梦露，启发学生思考为什么会这样？并指出这张图在网上很流行，很多人将之解释为心理学现象。然后告诉学生，这是一个典型的工程学问题，掌握了频谱的概念后就能清楚地解释这一现象，从而吸引学生注意力，调动学生积极性。

点出频谱是信号的另外一种表示方法，掌握频谱，是为了从另一个角度更好地理解信号，更加方便地进行信号处理和系统分析。

1. 启发思考

从肖像之谜，过渡到周期信号的傅里叶级数展开的历史回顾，启发学生思考，激发学生的学习热情和学习斗志。

课堂讨论：提问学生，从这些科学家身上，应该汲取哪些闪光点？

总结：鼓励学生牢记"艰难困苦、玉汝于成"的道理，树立远大理想和目标；只有发挥自省、自强、自信的科学精神，才能在千磨万击中实现自己不忘初心、方得始终的人生价值。

2. 知识点讲解

通过 PPT 动画，简明的语言，易理解的线性电路的例子，使学生理解为什么傅里叶级数展开成正弦信号的线性叠加。通过周期波形的动画演示，引导学生发现选择的是哪些频率的正弦分量。根据数学级数理论，得到正弦分量相对应的振幅和相位，画出振幅频谱和相位频谱。

(1) 为什么是正弦信号？原因很简单，也很科学。正弦信号，无论是对其求导还是积分，还是一个同频率的正弦信号。

(2) 由哪些频率的正弦信号组成？正弦信号的频率只能取基波频率的整数倍。

(3) 这些正弦信号的幅度/相位是多少？根据正交函数集中的函数两两相正交，可以推导出幅度和相位。也可以认为是这些谐波分量在整个信号中所占的比重。

(4) 只有满足 Dirichlet 条件的周期信号才可以分解成正弦信号的线性叠加。

(5) 满足 Dirichlet 条件的非周期信号也可以分解成正弦信号的线性叠加。

总结归纳：傅里叶级数展开是连接周期信号时域和频域的桥梁，傅里叶变换是连接非周期信号时域和频域的桥梁。

从傅里叶级数展开，引到向量表示(正弦信号的三要素：频率、振幅、相位)，引到图形表示，得到信号频谱的概念：信号频率包括振幅频谱、相位频谱。指出他们是把傅里叶级数里面的正弦信号的三要素在图上表示出来，因为三要素可以确定这个信号，因此频谱图可以唯一确定一个信号。强调一种信号，两种表示方法：时域表示方法——时变函数，频域表示方法——频谱。

3. 解决问题

到目前为止，大家还没有体会频域表示方法带来的好处。理论联系实际，引出应用实例，感受傅里叶变换频谱分析所带来的好处。

(1) 声音信号的频谱：分析一段带有高频噪声的《我和我的祖国》的音乐，抛出问题：如何区分乐音和噪声。演示如何利用频谱来揭示这段声音信号的构成，滤掉高频部分，还原声音信号并对比。

让学生明白只有把频谱画出来之后，才有这个思路。如果只是看原来的时变函数，怎么也挖不出噪声。

(2) 肖像信号的频谱：照应开头的爱因斯坦/玛丽莲•梦露的合成肖像，利用频谱的概念，解密合成肖像之谜。

通过频谱分解这张图：低频部分对应梦露肖像的主要轮廓信息，高频部分对应爱因斯坦肖像的细节特征——包括胡须，头发等。我们人眼的视觉分辨能力是有限的，当图像缩小时，我们没有办法区别这些高频的细节信息，而只能看到低频部分，低频部分对应的则刚好是梦露的特征。

4. 启发思考

同一个信号，我们可以从时域的角度去观察，也可以从频域的角度去观察，傅里叶变换就是连接信号时域和频域的桥梁。进行傅里叶变换的原因在于，信号在时域表现不明显的特征，可能会在频域凸显出来。这样，有利于我们开阔思路，分析解决实际问题。从而，让学生明白傅里叶变换原来这么有用。

课堂讨论：提问学生，为什么要进行傅里叶变换？从中可以得到哪些启示？

总结：启发学生遇到瓶颈问题一筹莫展时，不要被固定思维所束缚，换个角度，换种思维，大胆创新，就会别有洞天。

习总书记在两院院士大会上说到要"全面深化科技体制改革，提升创新体系效能，着力激发创新活力"时，就引用了"穷则变，变则通，通则久"这一典故。变通而图存的道理，是从古至今的中国智慧。只有保持发散思维，创新变通，才能化危机为转机，领先于时代的前沿阵地。所以，变通创新，不单是一种做事的方法，一定意义而言就是一个个体，一个企业，一个国家，生存和发展的必备要素和先决条件。

今天的中国，面临的是更加激烈的竞争和较量，知识日新月异，培养变通创新精神和改革能力，是时代的主旋律，是当前全面实施素质教育的重点，更是当代大学生在成长过程中必备的素养。最后，请同学们记住这句名言："上帝把你的门关上时，也一定会为你打开另一扇窗。"开窗方法是什么？变通、突破、创新、改革！

5. 总结

对本次课的内容，信号的频谱分析，用简洁的语言进行总结。

(五) 教学方法和载体途径

本次课程的教学方法与载体途径具体如表 36-2 所示。

表 36-2　教学方法和载体途径

案例描述	教学方法	学生活动
问题导入(爱因斯坦/梦露的合成肖像之谜)	讲授、案例、启发	
傅里叶生平的历史回顾	讲授、案例、启发、提问	课堂讨论
知识点讲解	讲授、案例	
解决问题(应用实例：声音、图像)	讲授、案例	
为什么进行傅里叶变换？得到哪些启示？	讲授、案例、启发、提问	课堂讨论
总结：信号的频谱分析	讲授、归纳、提问	

讨论：

(1) 从傅里叶这些科学家身上，应该汲取哪些闪光点？

(2) 为什么要进行傅里叶变换，从中可以得到哪些启示？

(六) 教学成效和教学反思

本次课是对如何以一种更容易被学生接受的方式来讲授信号的频谱分析(含傅里叶变换等相关知识)的一种尝试。为了在教学过程中让学生充分理解掌握理论知识，提高学生发现问题、分析问题和解决问题的能力，需要将知识点与实际问题紧密结合。同时，为了激发学生的学习兴趣，提高教学效果，需要增设实际问题的趣味性，让学生提起兴趣、带着问题去开展后面的学习。

从合成肖像之谜的实际问题出发，设置悬念，提出答疑需要掌握的知识点，让学生带着问题去开展后续学习。

接着，借助动画形象生动地演示了傅里叶的论断，过渡到傅里叶生平的历史回顾，激发学生的学习热情和学习斗志。

然后，通过简明的语言、易理解的例子，详细介绍了正弦三要素，并与图形相结合画出频谱图。利用频谱分析与本课程开始的肖像之谜前后呼应，使学生易于理解和掌握。通过问题探究式和启发式思考的教学方式，简单明了地对抽象理论问题进行了分析，又不缺少课堂教学的趣味性和生动性，提高了学生的学习兴趣。

最后通过应用实例，延伸学生对知识点的灵活运用和扩展，并提问学生"为什么进行傅里叶变换"，启发学生遇到瓶颈问题一筹莫展时，不妨"避开大路，潜入小径"，大胆创新。

三十七、国家工业的"神经中枢"：从关键信息基础设施的网络攻击事件看国家安全

高梦州　网络空间安全学院

(一) 课程基本情况

课程名称：安全测试与评估技术
课程学时：36
课程学分：2

(二) 思政育人目标

(1) 引导学生认识网络安全对国家的重要性，帮助学生树立正确的网络安全观。

(2) 引导学生认识我国网络安全的深远意义，激发学生对网络安全专业的认同感和责任感。

(3) 培养学生独立思考、自主学习的能力。

(三) 与专业教学内容相结合的思政育人映射与融入点

"安全测试与评估技术"课程中，与专业教学内容相结合的思政育人映射与融入点如表 37-1 所示。

表 37-1　安全测试与评估技术的思政育人映射与融入点

专业教学内容	思政育人映射与融入点
关键信息基础设施的典型网络攻击事件	引导学生认识网络安全对国家的重要性，帮助学生树立正确的网络安全观
工业控制系统基础知识	帮助学生认识国家信息化的快速发展
工业控制系统安全防护要求	帮助学生了解我国网络安全方面的战略规划与部署，引导学生认识我国网络安全的深远意义，激发学生对网络安全专业的认同感和责任感
工业控制系统安全测评要求	培养学生独立思考、自主学习能力

(四) 教学实施过程

本案例的教学实施过程如图 37-1 所示。

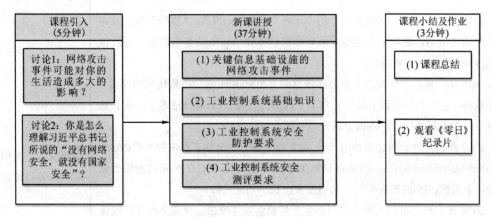

图 37-1 教学实施过程

1. 课程引入(5 分钟)

本案例引入过程中的教师活动与学生活动如表 37-2 所示。

表 37-2 课程引入

教 师 活 动	学生活动
提出问题,引导学生思考 (1) 请问你认为,网络攻击事件可能对你的生活造成多大的影响? (2) 请问你是怎么理解习近平总书记所说的"没有网络安全,就没有国家安全"?	自由回答、 分组讨论
设计意图:鼓励学生思考,了解学生当前对网络安全的认识,激发学生的学习兴趣	

2. 新课讲授(37 分钟)

(1) 新授知识 1——关键信息基础设施的网络攻击事件(10 分钟)。本案例介绍新授知识 1——关键信息基础设施的网络攻击事件的过程中,教师活动与学生活动如表 37-3 所示。

表 37-3 新授知识 1

教 师 活 动	学生活动
以案例教学法,引导学生认识当前网络安全形势的严峻性,以及网络安全的重要性、与国家安全的关系 (1) 介绍近年来不断出现的工业控制网络攻击事件(即"计算机病毒"可以在不破坏工控系统本身的情况下,通过操控工业控制系统,引发生产中断、管道泄漏、环境污染、装备损毁,甚至可以引发灾难事故,导致社会动荡,国家安全就会受到极大威胁)。主要介绍的案例简介如下:	视频观看、案例聆听、分组讨论

教　师　活　动	学生活动
2010 年，伊朗发生了震惊世人的"震网"(Stuxnet)事件，"震网"病毒攻击了伊朗核电站，破坏了大量铀浓缩离心机和布什尔核电站发电机组，导致伊朗核计划至少被延迟 2 年。 　　2015 年，乌克兰至少三个电力区域遭到"BlackEnergy"恶意代码的攻击，导致乌克兰首都基辅部分地区和乌克兰西部的 140 万名居民遭遇了一次长达数小时的大规模停电，占据全国一半地区。 　　2017 年，一种针对施耐德电气公司的 Triconex 安全仪表系统控制器(SIS, Safety Instrument System)的恶意软件 TRITON 被发现，TRITON 据称能修改安全仪表系统(SIS)的表决机制，从而使安全保护功能失效。 　　2018 年，台积电三大重要生产基地受到勒索软件攻击，导致全数生产线停摆，引发行业震动。作为全球份额超过 56% 的第一号代工厂，台积电和众多客户都因此蒙受了巨大损失。 　　(2) 结合上述案例，展开课堂讨论，请学生们再次思考之前的问题：请问你认为，网络攻击事件可能对你的生活造成多大的影响？请问你是怎么理解习近平总书记所说的"没有网络安全，就没有国家安全？"	视频观看、案例聆听、分组讨论
设计意图：引导学生认识网络安全对每个人、社会乃至国家的重要性，激发学生对网络安全专业的认同感和责任感	

　　(2) 新授知识 2——工业控制系统基础知识(7 分钟)。本案例介绍新授知识 2——工业控制系统基础知识的过程中，教师活动与学生活动如表 37-4 所示。

表 37-4　新授知识 2

教　师　活　动	学生活动
讲授工业控制系统的基本概念，介绍典型工业控制系统，阐述和分析工业控制系统与传统 IT 系统的不同 　　(1) 介绍工业控制系统基本概念知识，了解当前工业控制系统信息化发展情况； 　　(2) 介绍水处理、火力发电、化工制造、核电站等典型工业控制系统； 　　(3) 分析和介绍工业控制系统与传统 IT 系统的不同点； 　　(4) 设置问题：你认为工业控制系统安全防护的关键点和难点在哪里？	认真聆听、自由回答、分组讨论
设计意图：引导学生认识国家快速的信息化发展	

(3) 新授知识3——工业控制系统安全防护要求(10分钟)。本案例介绍新授知识3——工业控制系统安全防护要求的过程中，教师活动与学生活动如表37-5所示。

表37-5 新授知识3

教 师 活 动	学生活动
介绍等保2.0的重要性，讲授工业控制系统相关安全防护要求 (1) 以工业控制系统为例，介绍等保1.0的局限性，说明等保2.0制定的必要性和重要性； (2) 介绍和讲授GB/T 22239-2019《信息安全技术 网络安全等级保护基本要求》中工业控制系统扩展要求的相关知识。	认真聆听
设计意图：引导学生认识等保2.0对我国网络安全的意义，学习工业控制系统相关安全防护要求	

(4) 新授知识4——工业控制系统安全测评要求(10分钟)。本案例介绍新授知识4——工业控制系统安全测评要求的过程中，教师活动与学生活动如表37-6所示。

表37-6 新授知识4

教 师 活 动	学生活动
以分组讨论法，将学生分为若干小组，讨论工业控制系统安全测试与评估技术与传统IT系统的安全测试与评估技术的差异。	分组讨论、自主学习
设计意图：鼓励学生独立思考，激发学生的自主学习能力。	

3. 课程小结及作业(3分钟)

本案例课程小结及布置作业的过程中，教师活动与学生活动如表37-7所示。

表37-7 课程小结及作业

教 师 活 动	学生活动
(1) 对本课程内容进行总结。 (2)《零日》主要讲述了"震网"计算机蠕虫病毒攻击伊朗核设施的故事，安排学生课后观看《零日》纪录片，并撰写读后感，特别是针对网络武器的看法	认真聆听、观看视频
设计意图：帮助学生对课上内容进行巩固，引导学生深入了解攻击的背后故事，启发学生对网络安全的深远认识	

(五) 教学方法和载体途径

本案例的载体途径主要有课件、视频、图片等，涉及的教学方法包括：

(1) 启发式法：以问题的形式引出课程内容，了解学生当前对网络安全形势的认识，引发学生对网络安全与国家安全关系的看法和探讨；

(2) 案例教学法：介绍近年来不断出现的工业控制网络攻击事件，展开课堂讨论；

(3) 阐述和讲授法：介绍和讲授工业控制系统基础知识以及安全防护要求；

(4) 分组任务法：将学生分为若干小组，讨论工业控制系统安全测试与评估技术与传统 IT 系统的安全测试与评估技术的差异；

(5) 多媒体法：由于课上时长有限，安排学生课后观看《零日》纪录片并撰写读后感，特别是针对网络武器的看法。

(六) 教学成效和教学反思

(1) 在知识方面，使学生们熟悉关键信息基础设施的典型网络安全攻击事件，了解工业控制系统相关基本知识，掌握工业控制系统相关的安全防护与测评技术。

(2) 在能力方面，培养学生面对新领域时的学习和思考能力，以及学生团队合作的能力，增加学生的参与感与获得感。

(3) 在素质方面，帮助同学了解全球当前网络安全形势，认识习近平总书记的网络安全观，深刻领会总书记关于"没有网络安全就没有国家安全"的重要指示精神，同时激发学生对专业的认同感、使命感与责任心。

三十八、中国古代算法之光

——刘徽与割圆术

胡耿然 网络空间安全学院

(一) 课程基本情况

课程名称：算法分析与设计
课程学时：48
课程学分：3

(二) 思政育人目标

通过介绍刘徽与割圆术，让学生对中国古代经典算法有所了解，加深学生对算法起源的认识，知晓我们祖先曾经在算法领域取得过的辉煌成就，弘扬中华传统文化，增强学生的民族自豪感。

(三) 与专业教学内容相结合的思政育人映射与融入点

"算法分析与设计"课程中与专业教学内容相结合的思政育人映射与融入点如表38-1所示。

表38-1 算法分析与设计课程的思政育人映射与融入点

专业知识、技能	思政育人映射与融入点
教师讲授"算法分析与设计"课程的"算法起源"内容，学生需要了解算法的历史起源，了解算法思想的由来	本案例结合"算法分析与设计"课程的"算法起源"内容，通过介绍中国古代著名数学家刘徽与其发明的经典算法：割圆术，让学生了解算法起源，认识到中国古代算法的杰出成就，提升学生对于中华传统文化的认同，增强学生的民族自豪感

(四) 教学实施过程

(1) 在讲授"算法起源"内容时，引入中国古代经典算法，包括割圆术、大衍求一术等，让学生对我国古代算法有基本的认知。

(2) 教师介绍中国古代著名数学家刘徽及其发明的割圆术。刘徽是我国魏晋时期的数学家，他的《九章算术注》和《海岛算经》是我国宝贵的数学遗产。他最著名的成就是发明了割圆术。割圆术是全世界早期的算法之一，用不断分割正多边形、逼近圆形的思想，来计算圆周率近似值。我国著名数学家祖冲之正是沿用刘徽的割圆术，早于西方一千多年将圆周率精确算至小数点后 7 位。

(3) 教师通过图形展示与数学推导，让学生了解割圆术的具体步骤。由于此过程中正多边形越来越逼近圆，所以求得的圆周率近似值也越来越精确。刘徽正是用此"割圆术"一步步地逼近计算圆周率，正如其在《九章算术》中指出的："割之弥细，所失弥少。割之又割，以至于不可割，则与圆周合体而无所失矣"。

(4) 教师发起课堂讨论，让同学们谈谈对刘徽与割圆术的看法，并就中国古代数学和西方数学的比较谈谈心得体会。

(五) 教学方法和载体途径

教学内容：中国古代数学家刘徽与其发明的割圆术算法。

教学重点：割圆术内在蕴含的算法思维，即逼近和迭代的思想。本案例通过详细介绍算法的具体步骤与刘徽的注解，让学生对割圆术有直观的认识。

教学方法与手段：

(1) 讲授法：教师首先简要介绍中国古代的经典算法，然后通过图文与数学推导，详细介绍刘徽的割圆术算法步骤与算法思想。

(2) 课堂讨论法：教师介绍完刘徽与割圆术后，发起相关主题的课堂讨论。

载体途径：多媒体教学配合手写板书。

(六) 教学成效和教学反思

本案例的教学成效是提高学生的科学文化素质，增强学生对于中国特色社会主义的文化自信，增强学生的民族自豪感。

学生反馈总结：

(1) 上千年前我们的老祖宗就拥有算法思想了。

(2) 终于理解了割圆术与求圆周率近似值的关系。

(3) 中国古代数学有很多指导实际生产的示例，而现代西方数学的抽象理论体系更完备，各有所长。

从学生反馈来看，此案例确实让学生体会到了我国古代算法的成就，达到了增强学生的民族自豪感的成效。

不过此案例仍然有待改进的地方，还需要更加强调割圆术的来之不易：在中国古代无先进计算工具的背景下，提出割圆术算法是无比杰出的设想。案例改进之后，学生对于割圆术成就的认识会更加深刻。

三十九、互联网之父

——网络协议创始人卡恩博士与瑟夫博士

鲍青 网络空间安全学院

(一) 课程基本情况

课程名称：网络协议分析
课程学时：32
课程学分：2

(二) 思政育人目标

通过从整体层面分析协议体系中各个部分的相互关联，让学生领悟工程设计的系统思维；通过简述各个协议的特殊需求及其解决方案，让学生领悟工程设计的创新思维。通过总结分析，以及结合卡恩博士与瑟夫博士不断探索改进网络协议的事例，让学生意识到工程类的设计需要详细分析每个细节，培养学生的工匠精神。

(三) 与专业教学内容相结合的思政育人映射与融入点

在"网络协议分析"课程中，与专业教学内容相结合的思政育人映射与融入点如表 39-1 所示。

表 39-1　网络协议分析课程中的思政育人映射与融入点

专业知识、技能	思政育人映射与融入点
TCP/IP 协议体系结构	精神追求：工匠精神
	科学思维：系统思维、创新思维

(四) 教学实施过程

本次课程通过图灵奖获得者卡恩博士与瑟夫博士创建的 TCP/IC 协议案例，使学生理解网络协议设计需要注重细节，培养学生的系统思维、创新思维以及工匠精神。

TCP/IP 协议创始人卡恩博士与瑟夫博士因 TCP/IP 协议荣获 2004 年度图灵奖这一计算机界的最高荣誉。卡恩博士与瑟夫博士，以沃森-克里克式的团队合作，共同创造了一系列计算机网络间共享数据、使互联网不断扩展和增强的标准，合称传输控制协议和互联网协议(TCP/IP)。网络协议设计非常细致和巧妙：首先是总体的设计，按照层次结构，下层为上层服务；其次对于每个层次，都按功能类别细分不同的协议，各司其职。

首先，通过分析卡恩博士与瑟夫博士设计的 TCP/IP 协议框架，以及各个部分的关联，培养学生的系统思维。其次，通过分析具体每个协议的需求特点和解决方法，培养学生的创新思维。最后，通过案例解释整套系统是卡恩博士与瑟夫博士反复讨论和试验的结果，让学生体会到需要考虑多处细节，从而培养学生的工匠精神。

(五) 教学方法和载体途径

首先，通过 PPT 的动画演示，介绍图灵奖获得者卡恩博士与瑟夫博士创建的 TCP/IP 协议标准，并分析该协议标准的重要性。其次，从整体层面分析协议中的各层协议(如图 39-1 所示)。协议按照层次结构组织，下层为上层服务。我们通过类比举例子的形式，用邮件收发中的分阶段投递过程来类比网络数据包的传送过程。这一过程生动形象地解释了系统设计的普适性并体现了系统思维。接着，通过课堂提问和讨论的形式分析各个协议的特殊需求及其解方案，让学生参与其中，探索工程设计的创新精神。最后，通过总结分析，结合卡恩博士与瑟夫博士不断探索不断改进的事例，让学生意识到工程类的设计需要详细分析每个细节，培养学生的工匠精神。具体内容总结如图 39-2 所示。通过课后作业，让学生对 TCP/IP 协议标准中涉及的精神追求和科学思维进行提炼总结，并结合日常生活案例加以应用，以理解的深度作为考核标准。

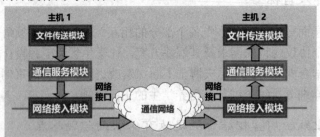

图 39-1 网络协议族的分层设计示意图 （谢希仁，计算机网络（第 7 版），电子工业出版社，2017）

思政融入点	具体案例分析
系统思维	在工程设计中从大局出发从而整体性分析和把握的能力
创新思维	在具体设计各个部分的协议时根据具体问题具体分析解决新问题的能力
工匠精神	在协议概念的提出到具体实现的过程中反复讨论与试验，总结与分析的能力

图 39-2　思政融入点在具体案例中的体现

(六) 教学成效和教学反思

(1) 加强了学生在工程设计中从大局出发从而整体性分析和把握的能力，培养学生的系统思维。

(2) 加强了学生在具体设计各个部分的协议时根据具体问题具体分析，并针对性地解决新问题的能力，培养了学生的创新能力。

(3) 培养了学生的工匠精神。

(4) 达到了学以致用，使学生在知识、能力、素质三方面的发展相辅相成、共同推进。

四十、面向人工智能时代的专家系统自动推理机及诊断推理过程

周丽 计算机学院

(一) 课程基本情况

课程名称：离散数学
课程学时：32
课程学分：2

(二) 思政育人目标

(1) 通过课堂讨论，培养学生团队协作、沟通交流的能力。

(2) 通过介绍演绎推理方法的应用，并结合人工智能中的专家系统的自动推理机和新冠肺炎医疗诊断专家系统的诊断推理过程，激发学生的学习热情和使命感。

(三) 与专业教学内容相结合的思政育人映射与融入点

"离散数学"课程中，与专业教学内容相结合的思政育人映射与融入点如表 40-1 所示。

表 40-1 离散数学课程的思政育人映射与融入点

专业知识、技能	思政育人映射与融入点
1. 命题公式的 9 个基本推理公式 2. 三个推理规则(P 规则、E 规则和 T 规则) 3. 命题公式的演绎推理方法及应用实例	人工智能中的专家系统自动推理机和新冠肺炎医疗诊断专家系统的诊断推理过程

(四) 教学实施过程

本次课的教学实施过程分为课前、课堂、课后三个阶段，其组织形式如图 40-1 所示。

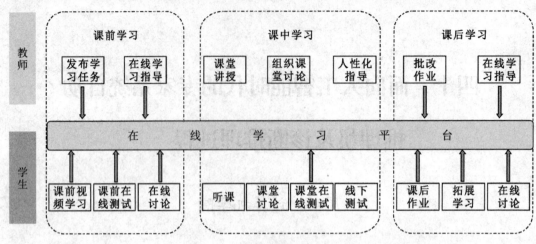

图 40-1　混合教学模式的组织形式

1. 课前学习任务

(1) 教师提前一周发布课前学习任务单，如表 40-2 所示。学生完成中国 MOOC 网上的相关视频及教材内容的学习，并初步了解命题公式的推理演算方法。

表 40-2　课前学习任务单

学习内容与课堂讨论主题
1. 学习内容 在之前的学习任务中，学习了命题公式的标准析取范式和标准合取范式。本次课的主要学习内容是： (1) 命题公式的推理演算定义。 (2) 演绎推理中 9 个基本推理公式和 3 个推理规则(P 规则、E 规则和 T 规则)。 (3) 命题公式的演绎推理方法及应用实例。
2. 教学目标 (1) 能够记住命题公式的 9 个基本推理公式和 3 个推理规则(P 规则、E 规则和 T 规则)，并总结和分析命题公式的演绎推理方法及应用。 (2) 通过上述内容的学习，能够运用命题逻辑的演绎推理原理理解和描述复杂工程问题，建立和分析模型，并利用模型解决问题。
3. 教学重点与难点 命题公式的演绎推理方法及应用实例。
4. 自主学习内容 (1) 观看中国 MOOC 网上的演绎法推理的教学视频。 (2) 完成学校网络教学平台上的第七次测验题。
5. 课堂讨论主题 (1) 你认为演绎推理在现实生活中有哪些应用？ (2) 用命题公式的演绎推理方法与命题公式的标准析取范式方法解决生活中的问题有哪些区别？

(2) 学生完成在线课前测试，本案例的课前测试题目主要是判断题和选择题等客观题目。

(3) 学生完成课外拓展资料阅读：

① 演绎推理是逻辑证明的工具(https://www.ixueshu.com/document/1308305957810286318947a18e7f9386.html)。

② 命题逻辑中演绎推理方法的比较与研究(https://www.ixueshu.com/document/16c147a8ae4f40384f788ba28dfc3ba1318947a18e7f9386.html)。

③ 命题逻辑演绎推理在日常生活中的应用(https://www.ixueshu.com/document/4da86022a3a97942ac0fdb8591fda93b318947a18e7f9386.html)。

2. 课堂教学

课堂教学是三个环节中的核心环节，是学生知识学习、能力锻炼、素质提升和价值塑造的主战场。

(1) 知识复习。复习上一周的知识重点，讲解上一周的课后作业，重点指出学生作业中易犯的一些错误。通过知识复习，使教师能够及时了解学生上一次学习的情况，也可以督促学生复习知识，起到加强和巩固学习成果的作用。

(2) 课堂讲授。教师讲解部分重难点问题：命题公式的演绎推理方法及应用实例。

(3) 课堂小组讨论及分享。学生在开学初按每5～6人自由组成一个学习小组，在课堂中展开小组讨论，并且每组选出一个代表上台进行分享：

① 你认为演绎推理在现实生活中有哪些应用？

② 用命题公式的演绎推理方法与命题公式的标准析取范式方法解决生活中的问题有哪些区别？

(4) 融入思政案例。命题公式的演绎推理法应用实例：专家系统自动推理机及新冠肺炎医疗诊断专家系统的诊断推理过程。

(5) 课堂练习。学生完成学校网络教学平台的课堂测试。

3. 课后

(1) 学生有问题可以在线交流。

(2) 学生完成课后作业和阅读报告。

要求学生结合前面预习时整理的资料和课堂讨论的情况，分析和思考之后，撰写一篇关于演绎推理的阅读报告。报告的要求是能够清楚地阐述自己的观点和依据，最好能够举出一些将演绎推理法用于处理学习和生活中实际问题的例子。

(五) 教学方法和载体途径

本次课采用线上、线下混合教学模式进行授课，利用中国大学 MOOC 和学校网络教学平台与线下课堂教学相结合的方法，将教学过程分为 3 个阶段。

(1) 课前(线上)：教师布置学习任务和课堂讨论主题。学生观看视频，完成课前测试。

(2) 翻转课堂(线上＋线下)：复习上次重难点内容。了解学生在做作业时遇到的主要困难和学生课前观看视频和测试过程中的主要问题，师生之间进行探讨。教师讲解本次课程部分重难点问题。引导学生进行课堂讨论及分享。同时在教学过程中融入思政教学案例。

最后在学校网络教学平台上进行课堂测试。

(3) 课后(线上): 学生完成学校网络教学平台上的作业。老师在线答疑和师生之间、生生之间学习讨论。学生完成课后阅读报告。

其具体的教学安排如图 40-2 所示。

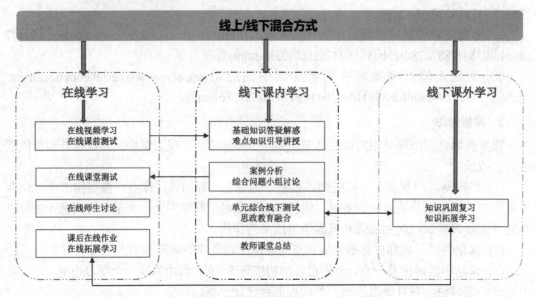

图 40-2　　线上/线下混合教学安排

本次融入的思政教学案例描述如下。

人工智能专家系统,通俗来讲,就是让计算机具有人类专家的知识、经验和技能,能够像人类专家一样解决实际问题。其基本结构由人机交互界面、知识库、综合数据库、推理机、解释器、知识获取等 6 个部分构成,如图 40-3 所示。

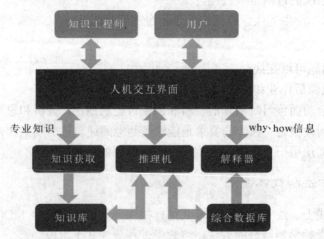

图 40-3　专家系统基本系统结构

整个系统核心部分之一是推理机。它是专家系统的"思维"机构,是用于记忆所采用的规则和控制策略的程序,它使整个专家系统能够以逻辑方式协调地工作,并针对用户或外部系统提出的问题根据知识库中存储的知识进行推理。推理机具体的工作流程如图 40-4

所示。从图中可以看到整个演绎推理过程，首先，从事实中归纳规律，得到最原始的前提，也就是可以使用 P 规则的那些前提；然后用这些原始前提推出结论，如果这些结论为真，则保存下来，后面又可以作为新的前提继续推出结论；再看看新推出的结论是否为真，为真就保存下来；再继续推理，如此反复，一直得到想要的结论。在推理的过程中，只考虑结论为真的状态。当然，不同的专家系统由于事实不同，得到的最原始的前提也不同，从而推理过程也不一样。

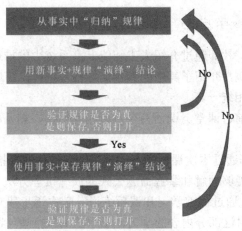

图 40-4　推理机工作流程

例如，新冠肺炎医疗诊断专家系统中，专家的诊断就是一种演绎推理思维过程，其基本推理过程如图 40-5 所示。病人的症状分为三类：

(1) 是否有发热或呼吸道感染。

(2) 是否有肺炎影像学特征。

(3) 是否淋巴细胞计数减少。

如果病人有流行病学史的，则只需满足上述二项就可以定义为疑似病例。如果病人没有流行病学史的，则需满足上述三项才定义为疑似病例。对属于疑似病例的，还要再看是否病毒核酸阳性或病毒基因测序是否与新冠同源，这两个条件只需满足一项就定义为确诊病例。由此可见，新冠肺炎病例的确诊过程是一个非常严谨而科学的过程，容不得半点似是而非或者想当然的处理方式。

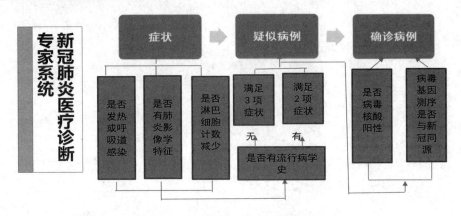

图 40-5　医疗诊断专家系统推理过程

近年来，随着移动互联网以及大数据技术的发展，人工智能学科已逐渐走向商业化应用，不断改变着人们的生活，同时也成为新一轮工业变革的核心驱动力之一。人工智能技术更是成为国家的重要发展战略之一。目前，很多高科技企业都致力于人工智能领域相关技术的研发。特别是这次新冠疫情防控中，我国很多研究院所和企业都积极把人工智能技术和产品用于疫情分析、识别测温、病毒检测、辅助诊疗、智能语音机器人等方面，在抗疫中都发挥了很好的作用，也产生了很好的效果。

(六) 教学成效和教学反思

本案例教学过程中，教师通过介绍人工智能专家系统中的推理机工作流程，以新冠肺炎医疗诊断专家系统为例，介绍了其中的基本演绎推理过程，锻炼了学生的理性思维和创新意识，将德育与智育相统一。

在教学过程中，课前、课堂、课后三个阶段相互衔接，相互配合，确保知识、能力、思政教学目标有效达成。

(1) 知识目标达成。通过本次课程学习，学生能够记住演绎推理中 9 个基本推理公式和 3 个基本推理规则，能够理解和掌握命题公式的演绎推理方法。

(2) 能力目标达成。通过课前学习和课后练习，学生逐步建立起自主学习意识，加强自主学习的能力。通过对这部分内容的学习，学生的抽象推理、逻辑思维和归纳构造等能力也得到提升。

(3) 思政教学目标达成。通过小组讨论及分享，学生分析问题、解决问题，以及讨论交流、团队合作的能力得到加强。

通过演绎推理方法的课堂小组讨论及分享，学生能够深刻领会演绎推理法在实际生活中的各种应用与意义，能够明白学好离散数学知识，打好基础，把知识用于人工智能技术中，才能服务社会、科技报国。

四十一、现代人工智能的基石

——卷积运算

李竹　电子信息学院

(一) 课程基本情况

课程名称：数字图像处理
课程学时：32
课程学分：2

(二) 思政育人目标

(1) 以人脸识别技术在疫情中起到的重要作用切入教学，让学生通过具体案例及数据了解人工智能在我国飞速发展的现状，培养学生的荣誉感，激发学生的爱国情感。

(2) 通过讲解人工智能技术中卷积运算的巧妙应用，增加学生对专业知识的兴趣，进而培养学生对专业的专注、钻研和奉献精神，培养学生的使命感，激发学生的敬业情感。

(3) 通过让学生了解当前人工智能的开发环节还是以国外开发的框架为主，激发学生的使命感。

(三) 与专业教学内容相结合的思政育人映射与融入点

"数字图像处理"课程中，与专业教学内容相结合的思政育人映射与融入点如表 41-1 所示。

表 41-1　数字图像处理课程的思政育人映射与融入点

专业知识、技能	思政育人映射与融入点
1. 知识点：卷积的运算方法、中值滤波的运算方法、Prewitt 边缘提取算子、Sobel 算子及 Canny 边缘提取算子 2. 掌握技能：掌握卷积等运算方法；能够根据不同的工程条件选择合适的卷积运算进行降噪、边缘提取；能够就卷积运算的数学特性与数学学科的成员沟通	通过案例 1～3 引入本次课程的教学内容，让学生了解卷积处理不仅在图像处理中，甚至在人工智能领域均起到了基石一般的重要作用；同时让学生了解我国人工智能技术从硬件到应用均飞速发展的现状，培养学生对祖国的自豪感及对我国发展战略的认同感。 通过案例 4 让学生了解，要达到国家所规划的人工智能发展目标，仍需付出不懈的努力；鼓励学生在学习和工作中走自主创新的技术研发道路；激发学生的"责任感"和"使命感"

续表

专业知识、技能	思政育人映射与融入点
	案例 1：中国公司研发的人脸技术可在戴口罩的情况下实现准确识别。在 2020 年的疫情中，中国石油集团下属的信息技术公司上线了一款 AI 口罩检测应用。该应用可对工作区域内未佩戴口罩的人员进行识别并语音报警，识别准确率达 96.5%以上。(文章链接：安防展览网 http://www.afzhan.com/news/detail/80306.html) **案例 2**：剑桥 2019 年度《AI 全景报告》。全世界范围的 AI 技术发展都已经开始提速，中国 AI 崛起的速度尤为惊人。报告专门新设一章，介绍中国 AI 技术在日常消费、机器人、半导体等领域的进展。 **案例 3**：在"2019 云栖大会"上，阿里巴巴正式对外发布全新的"含光 800" AI 芯片。据介绍，1 枚"含光 800"的算力相当于 10 枚 GPU(图形处理器)。 **案例 4**：目前流行的人工智能框架，如 Caffe、TensorFlow 及 PyTorch 均为国外研发。

(四) 教学实施过程

1. 教学过程

(1) 课前环节：由学生自行线上观看在线教学视频，完成课前作业。教学视频包括：卷积的基本概念、均值滤波、中值滤波、边缘的基本概念、基于微分的边缘提取算子及 Canny 边缘提取算子。

(2) 课上环节：由师生互动环节、学生实操环节及教师总结环节构成。教师首先介绍包括"战疫"中人工智能的应用在内的 3 个案例，引导学生进行讨论；然后通过演示向学生说明卷积运算是如何提取图像特征的，进而阐明为何卷积是人工智能中的基石技术；再次进入学生的实操环节，学生进行卷积的编程练习，教师协助调试解答问题并进行验收；最后的总结环节，教师抛出案例 4 引发学生进行深度思考，激发学生的责任感和使命感。

2. 教学形式

(1) 讲解：卷积运算的运算方法；

(2) 实操：学生编程练习，加深对卷积运算在图像特征提取中的作用的理解；

(3) 演示：演示卷积的实际运行效果加深学生的理解；

(4) 讨论：介绍几种主流框架，引导学生通过讨论了解目前人工智能的基础框架基本由国外开发的现状。

(五) 教学方法和载体途径

1. 信息化载体

为了切实贯彻在疫情中"停课不停教，停课不停学"的指导思想，针对课程特点，在信息化载体方面做了较多的探索。本课程具有一定的特殊性，即实践环节较多，需要学生进行编程实验。在编程实验过程中，学生往往会遇到这样或那样的问题，需要老师协助调试。在普通的课堂上，老师可以面对面帮助学生调试，验收学生的代码。为了在远程条件下达到同样的效果，实现"同质等效"的目标，本课程借助以下信息化载体进行了教学探索：

(1) Mooc 平台：本课程在浙江省高等学校在线开放课程共享平台上建立了完整的 Mooc 课程资源(课程网址：https://www.zjooc.cn/course/2c918083703381ea01703e9a6cdf6ffb)，包括完整的课程视频、课前习题以及课程相关文档等资源。

(2) GitHub 平台。由于课程有编程作业环节，需要学生当场在指定时间内完成，而远程验收既不方便又耗费大量的课堂时间，为了解决这一矛盾，课程使用 GitHub 平台作为验收工具。通过 GitHub 的代码提交历史记录功能，教师可以清楚掌握学生的完成进度，实现代码验收。

引入 GitHub 的另一目的是开阔学生的眼界，紧跟时代，让学生了解并掌握当前全世界最流行的代码管理平台的使用。课程上要求每个学生注册 GitHub 账号并掌握 Git 及 GitHub 的使用。本课程也为学生专门编写了使用手册。

2. 教学方法

采用讨论教学方法，设计了两个讨论题目。

(1) 教师在演示完不同的卷积模板的实验效果后，引导学生通过讨论理解卷积是如何进行特征提取的，从而理解为什么卷积神经网络是人工智能中的重要基石技术。

(2) 教师在介绍完人工智能的几种主流框架后，引导学生讨论理解：中国发展人工智能技术的一个重要的阻碍就是人工智能的开发环节基本掌握在国外公司手中。借此培养学生的使命感。

考核方法：在期末测试中，对卷积的考核方式从以往单纯的卷积结果计算转变为计算题目结合主观题的方式。计算题主要考查学生对技术细节的掌握，主观题要求学生回答"含光 800"的算力与美国公司英伟达生产的 GPU 的算力相比具有怎么样的先进性。这个问题一方面考察了学生对技术细节的掌握，也考察了学生是否对国外公司有技术上的迷信，是否对我国的技术发展有清楚的认识、认同感及自豪感。

(六) 教学成效和教学反思

主要从以下三个方面考察教学成效：

(1) 学生是否建立了对祖国所取得的技术成就的认同感，并将其升华为由衷的荣誉感。这一教学成效通过在期末测试中的主观题的回答结果进行评估。

(2) 学生是否在学习中对自己的专业有钻研精神。这一教学成效通过在期末测试中的计算题进行评估。

(3) 学生是否在学习中有创新意识。这一教学成效通过学生在课程所设置的工程作业中是否提出了对卷积的创新性应用来考察评估。

四十二、物种灭绝带来的思考：尊重生命，保护自然

严明　自动化学院

(一) 课程基本情况

课程名称：现代生命科学导论
课程学时：32
课程学分：2

(二) 思政育人目标

以代表动物为基础，向学生介绍动物科学研究的历史和方法，帮助学生了解动物类群及其系统分类的基本知识，使学生能够在动物学相关的知识领域间熟练切换，从而对动物学相关问题有深入的理解。在此基础上，教师进一步分析动物物种灭绝对自然界和人类社会的伤害，帮助学生理解保护野生动物对抗击新冠疫情的重要意义，增强学生保护野生动物和自然环境的意识，树立构建富强、民主、文明、和谐的社会主义现代化国家的责任感。

(三) 与专业教学内容相结合的思政育人映射与融入点

"现代生命科学导论"课程中，与"动物学"的专业知识相结合的思政育人映射与融入点如表 42-1 所示。

表 42-1　现代生命科学导论课程中的思政育人映射与融入点

专业知识、技能	思政育人映射与融入点
动物物种灭绝	人类与动物以及大自然是相辅相成的。然而，人类的社会活动和过度捕杀造成动物物种正以前所未有的速度减少乃至消失。在此次新冠肺炎疫情中，疫情传播可能与野生动物交易具有一定关联。因此，在教学过程中将向学生传递尊重自然、保护自然和"保护野生动物、谨防病毒跨物种传播"的理念，并鼓励学生身体力行，为实现构建和谐社会的建设目标努力奋斗

(四) 教学实施过程

1. 课前准备

教师分析思政目标，选择合适切入点，实现思政元素的自然融入。

在进行授课前，教师首先明确本次课程的教学内容和思政目标。本次课程的主要教学

内容为:

(1) 动物类群及其系统分类的基本知识;

(2) 动物行为学的基本理论和内容。

研究结果表明,新冠肺炎疫情传播与野生动物交易有一定关系。因此,教学内容和疫情防控有着内在关联,可以此作为思政元素切入点。但如何将思政元素自然融入教学中还需要在教学过程中先行铺垫。

经过分析,我们认为可以在"动物类群"知识点内进行思政元素的融入与拓展。我们拟从人类活动对动物和自然界的影响出发,引出对疫情传播与野生动物交易相关的思考,再过渡到"人类的不当活动导致动物物种灭绝、自然平衡被打破"的严峻现实。通过上述教学内容的实施,可以实现思政元素的自然融合,避免将思政内容生硬楔入课程的情况。

2. 课程导入

如图 42-1 所示,课堂教学按照"理论知识解读—提问调查—思政元素融入"三步走的基本流程进行。课程开始,教师以《论语》节选为起点,介绍孔子把认识动植物与"事君"相提并论,引出"在古代,动植物是整个社会生产、生活、文化等方面的基础,做学问的人以一物不识为耻的观点",强调掌握动物分类学的重要意义。接下来,教师通过请学生辨别不同种类动物图片,引导学生了解依据个人经验对动物可对动物分类做出初步判断,但需要通过进一步学习获得对动物分类更科学、全面的认知。

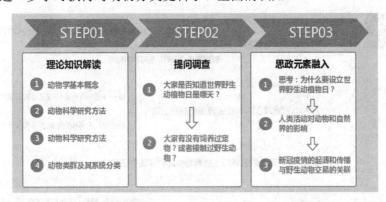

图 42-1 "动物学"章节课堂教学流程示意图

3. 新课讲授

(1) 教师讲授理论知识。本次课涉及的关键知识点列举如下。

① 动物学的基本概念:动物学(Zoology)是研究生物学的一个分支,是研究动物各类群的形态结构和有关生命活动规律的学科。

② 动物科学研究方法:观察描述法、综合比较法、实验论证法和多学科技术交叉法。

③ 动物学研究的历史:动物学发展史、中国的动物学发展现状和发展趋势。

④ 动物类群及其系统分类:生物的分界,动物分类方法、等级、物种概念和典型代表。

新课讲授环节中,教师主要基于 OBE 思想进行知识点的讲授。为提高学生的学习兴趣和效率,教师在知识点讲授过程中穿插相关趣味知识问答,根据学生回答情况随时掌握学习效果,以及时调整教学难度。

(2) 提问调查，向思政元素过渡。课间休息后，教师首先进行调查提问，询问学生"大家知道世界野生动植物日是哪天吗？"。根据调查结果，教师随机询问学生并简单沟通，了解学生生活中与野生动物的接触情况，初步掌握学生对野生动物的了解程度，为思政元素融入做好准备。

(3) 思政元素融入。教师根据上一环节的提问，引导学生进一步思考"为什么要设立世界野生动植物日？"这一问题，进而指导学生关注人类活动对动物和自然界的影响。教师通过列举与疫情起源和传播相关的重要学术成果(见图42-2)，带领学生思考疫情与野生动物交易的深层次关联，明确人类的不当活动导致动物物种灭绝、自然平衡被打破的严峻现实。

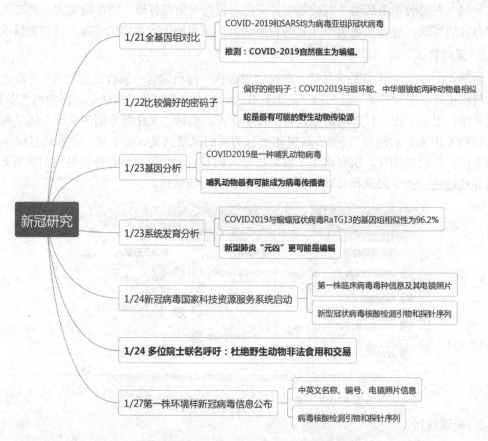

图 42-2　2020 年初疫情相关研究进展

通过以上逐层递进的提出问题和分析问题的过程，教师将帮助学生主动思考和理解保护野生动物对抗击疫情的重要现实意义，增强学生保护野生动物和构建"富强、民主、文明、和谐"的社会主义现代化国家的意识，最终实现课程思政元素的自然融合和实施。

4. 教学小结

在课程结束阶段，教师归纳本章节教学重难点，分析了解生物多样性的重要意义，并鼓励学生为保护环境做出力所能及的贡献。

5. 课后拓展

课后拓展不仅仅是课堂教学工作的补充，也是教师课堂教学工作的自然延伸，对提升教学效果也有很好的帮助。本次课的课后拓展设计将遵循"方式多样，突出重点"的基本思想进行。首先，教师推荐学生课后观看纪录片《海豚湾》，帮助学生了解人类对动物的过度捕杀导致严重生态破坏的现状，并引发其思考如何约束自身行为和解决此类问题，以及如何保护地球生物的多样性。同时，通过网上问卷和一对一沟通形式，教师进一步收集学生对本次课程内容和授课形式的反馈意见，及时掌握学生对动物学教学内容感兴趣的关注点，为后续课程中思政素材的搜集及编排方法进行改进提供依据。

(五) 教学方法和载体途径

教学紧密联系疫情实际场景，教师在系统介绍动物学基本理论的基础上，以野生动物与人类关系为切入点，自然融入对疫情与野生动物交易关联性的深入分析，强化学生的环境保护意识，激发学生构建和谐社会的责任感，最终实现课程思政目标。

本次课程采用线上线下混合教学模式，以"网络教学平台""雨课堂"等网络工具为载体，结合具体案例实施教学。具体实施方法和路径如图 42-3 所示。

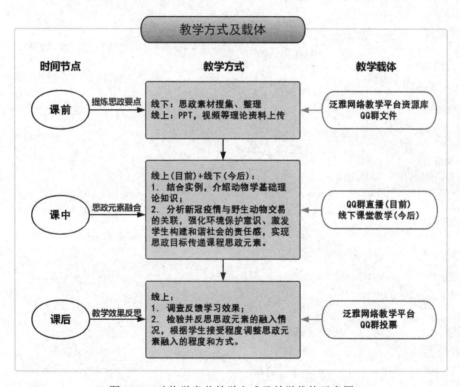

图 42-3　动物学章节教学方式及教学载体示意图

(六) 教学成效和教学反思

本次课程主要讲授动物学发展史、研究方法和动物学分类的相关基础知识。由于野生动物被认为与疫情传播关系密切，因此，本次教学内容与防疫战疫背景紧密契合。但要以自然、生动且学生容易接受的方式达到课程思政教学目标，还需要教师对教学内容进行精心编排和设计。

基于教学大纲，我们在教学内容的编排上首先从总体到局部、从宏观到细节逐步展开理论知识的讲授，完成教学要求的知识目标。随后，我们设计了提问作为教学过渡，将教学重心转至"野生动物与人类关系"上，并据此引申、发散。首先，宏观分析人类的不当活动与物种灭绝、环境失衡的关系，再从上述议题具象到"新冠疫情与野生动物交易联系密切"这一核心思政要素。随后，根据疫情相关研究成果，我们通过分析新冠病毒溯源工作的相关成果，向学生传达"禁止野生动物非法食用和交易对抗击新冠疫情具有重要意义，保护野生动物就是保护人类自身"的理念。最后，通过对保护野生动物的行为和观念进行总结、升华，进一步帮助学生树立尊重自然、顺应自然、保护自然的正确价值观，鼓励学生身体力行、从我做起，为实现构建和谐社会的建设目标努力奋斗。

整个教学过程衔接自然，前后呼应，完成了知识学习和育人的自然结合。教学过程中的适度提问和课后教学效果调查还可帮助教师了解学生的学习成效，形成真实、可信的过程性评价结果，并为调整教学深度、难度提供依据，从而形成良好的教学反馈。

四十三、国产操作系统的挑战和机遇

贾刚勇　计算机学院

(一) 课程基本情况

课程名称：操作系统

课程学时：64

课程学分：4

(二) 思政育人目标

使学生了解国产操作系统的发展历程和现状，思考我国在操作系统方面所面临的困境，分析研发国产操作系统所面临的主要问题，意识到大力发展国产操作系统的紧迫性。引导学生从危机和困难中看到希望和机遇，鼓励学生从专业学习出发，努力学习、努力工作、敢于创新、勇于担当。增强学生文化自信，力争在核心基础软件领域的发展中为国家贡献力量，将实现自己的个人价值和梦想融入其中。让学生通过学习榜样人物的事迹，树立科技报国理想，传承敢于创新、坚持不懈的工匠精神。

(三) 与专业教学内容相结合的思政育人映射与融入点

"操作系统"课程中，与专业教学内容相结合的思政育人映射与融入点如表 43-1 所示。

表 43-1　操作系统课程的思政育人映射与融入点

专业知识、技能	思政育人映射与融入点
操作系统发展历史和现状	在学习操作系统的发展历史和现状时，提出国产操作系统发展历史和现状存在的问题，引导学生用辩证和发展的观点看待国内外操作系统技术的发展，并能从困境中看到希望和机遇，激发使命感和责任感，树立科技报国理想
	在学习典型操作系统时，无缝引入对典型国产操作系统的讨论，如银河麒麟、Deepin、华为鸿蒙、杭电自主研发的 HDU edge OS 等，增强学生民族自豪感和文化自信
	通过学习倪光南院士的事迹，鼓励学生敢于担当和挑战，培养勇于开拓和创新、坚持不懈的工匠精神

(四) 教学实施过程

本课程采用线上线下混合式教学模式。为顺利实施教学，首先需要准备相关教学资源，包括精心选择课程思政融入点，制作知识点及课程思政教学微视频，设计在线测试，设计课程教案(包括思政案例)，提供拓展学习资源，设计课后作业等。教学过程总体设计如图43-1 所示。

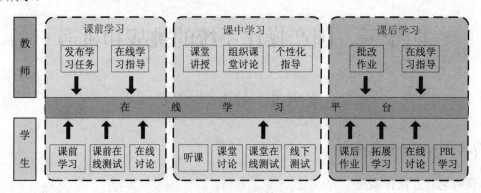

图 43-1　线上线下混合教学模式设计

具体教学实施过程如下：

(1) 通过在线学习平台发布课前学习任务，包括查阅文献资料并了解国产操作系统的产品名称和研发单位(公司)、国产操作系统的发展历程、重大事件和现状，自主学习本校计算机学院操作系统项目团队正在研发中的"HDU edge OS(杭电边缘操作系统)"部分可公开技术资料以及项目组成员公开发表的各级学术论文等。

(2) 课堂上开展小组讨论与分享：发展国产操作系统的挑战和机遇。

(3) 课后布置作业：撰写关于发展国产操作系统的阅读报告。

(五) 教学方法和载体途径

操作系统是一种重要的系统软件，是计算机系统的工作基础。在"操作系统"课程的操作系统概述的学习中，学生学习了操作系统总体的历史发展过程，了解了目前主流操作系统的现状之后，可以自然地过渡到我国国产操作系统的发展历程和现状的话题上来。

1. 课前作业

在讲述操作系统历史和现状之前布置课前作业，让学生先在课外通过多种途径查阅文献资料，包括期刊(杂志)论文、专业书籍和网络资源(文字、视频)等，思考如下导读问题：

(1) 目前有哪些国产操作系统？

(2) 国产操作系统的发展历程是怎样的？

(3) 国产操作系统的现状和发展困境有哪些？

(4) 正在自主研发的杭电边缘操作系统的性能特点及创新性是什么？

(5) 国产操作系统的前景如何？

(6) 应该如何发展国产操作系统？

这部分课前准备越充分，思考越深入，课堂讨论就越有内容。所以要强调和鼓励学生从多角度、多方面、多层次搜集资料，思考要深入，不要浮于表面、应付任务。

2. 课堂讨论

问题引入：课堂讲述操作系统的发展和现状以及若干典型著名操作系统之后，引出关于国产操作系统的问题。

讨论组织：分组讨论，然后各组学生代表阐述自己的观点，鼓励辩论、畅所欲言。在发言和讨论的过程中，教师要注意引导讨论方向。讨论主要集中在以下三个问题。

(1) 国产操作系统的现状和发展困境有哪些？内容可包括与国外操作系统的差距(技术水平、市场占有率、应用软件等)，发展面临的困境(技术壁垒、生态环境、用户习惯、相关产业支撑等)。

(2) 国产操作系统的前景如何？基于上述差距和困境的描述，引导学生分析和思考机遇就蕴藏在困难之中，不能被表面的困难吓住。结合习近平总书记 2018 年 5 月 28 日在两院院士大会上的重要讲话：要努力实现关键核心技术自主可控，把创新主动权、发展主动权牢牢掌握在自己手中；同时结合当前美国对于中国的 5G 通信、芯片制造、操作系统等方面的技术封锁，帮助学生明白关键技术的获得只能靠自己，永远不能把希望寄托在别人身上。

(3) 应该如何发展国产操作系统？内容可包括国家支持和协调、鼓励基于国产系统的各种应用开发(如为鸿蒙系统开发 APP)；讨论计算机学院操作系统项目组正在研发的 HDU edge OS 的性能特点及创新性，激发学生对国产 OS 的信心、热情、使命感与责任心，鼓励学生参与到国产操作系统生态环境的建设之中，在自己所学专业领域努力为国产操作系统的发展贡献力量。

对课堂讨论的评价，应从是否进行了课前充分准备、阐述观点和论据的情况等方面，对学生进行评价。且与一般性课堂讨论有所区分，这样的课堂讨论称为主题性课堂讨论，可从发言积极性(20%)、表述质量(30%)、观点质量(30%)、团队合作(20%)等方面对学生进行评价，满分 100 分。

3. 课后作业

结合前面预习时整理的资料和课堂讨论的情况，分析和思考之后，撰写一篇阅读报告，要清楚地阐述自己的观点和依据。课程报告评价标准如表 43-2 所示：

表 43-2 课程报告评价标准

评价内容		评价目标和要求	分值占比
报告面上质量		结构完整、图表清晰、有事实和数据、表达流畅通顺	20%
报告内容	当前国产操作系及其发展历程	列举一些国产操作系统及其研发单位/公司，简述发展历程；与其他操作系统的历史渊源	10%
	国产操作系统的困境与机遇	对国产操作系统面临困境的论述具体客观，分析发展机遇有见地	30%
	如何发展国产操作系统	所提建议的合理性和可行性	20%
	国产操作系统试用体验	在虚拟机中安装和体验国产操作系统(如深度 Deepin 操作系统)	10%
阐述中所体现出的思想性		对国家计算机科学与技术领域发展的关心，对自我未来发展的思考	10%

课后作业通过线上学习平台提交，同时学生也可以继续在讨论区发帖讨论，或者提出

自己的意见和建议。教师注意搜集和整理意见，进行必要的反馈。

(六) 教学成效和教学反思

通过本案例的学习，期望可以帮助学生学习深入思考的方法，学习用辩证和发展的观点理性分析问题，增强对我国科技未来发展的信心，不被表面的困难难住，脚踏实地学习专业知识和技能，实干兴邦。

在实际教学过程中，本案例引发了同学极大的兴趣和热情。主要是当前国际社会，特别是美国，对于中国和中国企业的各种攻击、歪曲、诋毁、抹黑、限制、制裁等冷战思维和双标行为，让同学们十分愤慨；同时同学们也为中国涌现出的一批掌握核心技术的高科技企业而欢欣鼓舞，对未来充满希望。

教师引导学生清楚认识到目前国产操作系统仍存在差距，辩证地看待发展中可能面临的困难和机遇，不盲目乐观，也不悲观失望，"祸兮福所倚，福兮祸所伏"，鼓励学生顺应国家发展需要，激发学习报国的热情。本案例作为"操作系统"课程的操作系统发展历史和现状的主要案例，有效促进了学生在学习操作系统后续其他内容时的主动性和积极性。

四十四、"广播通信与数字电视"

——信息是按什么标准分类的?

覃 森 理学院

(一) 课程基本情况

课程名称:信息科学基础
课程学时:32
课程学分:2

(二) 思政育人目标

(1) 培养学生应用科学技术的能力和以改革创新为核心的时代精神。通过三种信源:离散信源、连续信源、波形信源的讲解,辅以老式广播通信和现代数字电视的案例分析,培养学生应用科学技术的能力,使学生掌握数字科技的发展历程、充分体会到科学技术对推动社会发展的重要性,并能够积极主动地学习相关科学技术知识。通过讲解中国改革开放过程中技术创新的巨大进步的案例,增强学生的爱国主义情感,助力其核心价值观的形成。

(2) 增强学生的辩证思维能力和分类思想。通过对信源分类标准的学习与常见信源的判别,培养学生在个体与总体综合关系方面的辨别能力,并对其进行辩证唯物主义思想、观点、方法的教育,进而引申出中国共同富裕的发展道路是允许一部分人先富起来,以先富带动后富,最终实施共同富裕,并增强学生的中国特色社会主义道路自信。

(3) 培养学生主人翁意识、责任感和集体荣誉感。以信源分类的数学模型为载体组织教学内容,增加学生从数学角度对信源分类标准的理解与掌握,培养学生的团队意识和团队合作能力,增强学生学习的主动性,培养学生的主人翁意识和集体荣誉感。

(三) 与专业教学内容相结合的思政育人映射与融入点

"信息科学基础"课程中,与专业教学内容相结合的思政育人映射与融入点如表 44-1 所示。

表 44-1　信息科学基础课程的思政育人映射与融入点

专业知识、技能	思政育人映射与融入点
1. 按消息在时间和取值上是否连续或离散分为离散信源、连续信源和波形信源 2. 老式广播通信和现代数字电视的案例分析	培养学生应用科学技术的能力和以改革创新为核心的时代精神，增强学生的爱国主义情感，促进学生核心价值观的形成
3. 概述其他两类信源分类标准，介绍平稳信源和无记忆信源的特点，对常见信源进行判别	对学生进行辩证唯物主义思想观点、思想、方法的教育；增强学生走中国特色社会主义道路的信心
4. 信源分类的数学模型及信源分类汇总	培养学生的主人翁意识和提升学生的道德情操

(四) 教学实施过程

本次课主要介绍信源的分类及其数学模型中三种重要的分类标准、老式广播和现代数字电视的案例分析、常见信源的类别辨析、分类思维在中国特色社会主义道路选择中的应用、分类模型的数学标准归纳等内容。具体授课内容与教学环节实施如下：

(1) 介绍按消息在时间和取值上是否连续或离散，信源可分为离散信源、连续信源和波形信源。由于信源输入的消息在时间上可以是连续或离散、取值上也可以是连续或离散的，信源形式共有四种组合：时间离散取值离散(离散信源，或称数字信源、时间连续取值连续(连续信源)、时间连续取值连续(波形信源)、时间连续取值离散(不常见，通常不考虑)。但常见的信源形式只有前三种，对应三种不同的数学描述，即离散随机变量序列、连续随机变量序列和随机过程。教师对之给出相应的实例。此部分的重难点在于数学模型及相关实例的解释说明，教学目标是提升学生根据标准判别信源类型的能力，激发学生主动积极学习相关科学技术知识的热情。

(2) 案例分析：老式广播通信和现代数字电视的案例。首先从时间与取值的角度介绍老式广播通信的基本过程，然后介绍数字电视的动感画面特性和实时录制功能，体会数字信源的特点，如图 44-1 所示。利用视频、图片、讲解与讨论等多种形式，从信息技术发展的角度正面宣传我国在技术创新方面的巨大成就，增强学生的爱国主义情感，促进学生富强、文明等核心价值观的形成。最后，由学生提出新的信源形式并辨别其类型，拓展科技思维，培养学生应用现代科技的能力，并实现过程性考核。

(3) 概述其他两种信源分类标准，并对常见信源进行判别。介绍平稳与非平稳信源(随机变量的概率分布随时间的推移是否发生改变)和无记忆与有记忆信源(随机变量间是否统计独立)的数学特性并给出其数学表达式，进而描述平稳无记忆信源的特征与数学模型。采用案例教学法，介绍三个典型的案例(电报信号、中文自然语言、多次抛硬币实验)，由学生讨论其平稳性和无记忆性，如图 44-2 所示。最后布置常见信源的收集与整理工作，由学生上传到网络教学平台，提高学生观察现实社会和理解内在科学原理的能力，同时提升其辩证思维能力。从信源分类描述的角度，说明中国特色社会主义道路是适合于中国国情的最佳道路，坚定学生的"四个自信"，实现育人与知识传授的有机融合。

一、广播通信

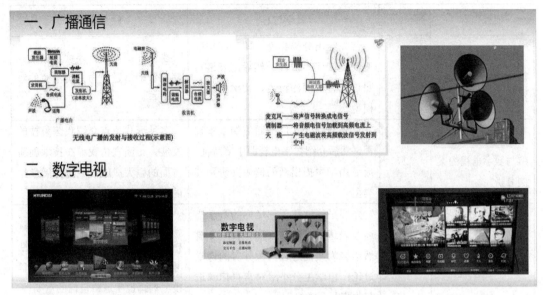

图 44-1 两个实例：广播通信与数字电视

二、数字电视

图 44-2 电报、中文自然语言、多次抛硬币示例

(4) 介绍信源分类的数学模型汇总。一方面，重点介绍由数学性质或表达式刻画的信源分类；对于平稳无记忆信源这类满足两个性质的信源，给出特殊示例。对后续章节重点介绍的平稳、无记忆、马尔可夫等信源，给予提要式说明，从而增加学生从数学角度对信源分类标准的理解与掌握的深度。另一方面，由学生分小组对现实社会中的相关信源进行辨别分类，并进行资料整理上传。此部分教学内容侧重于学生的主人翁意识和道德情操的培养，助其形成良好的职业道德。

具体实施步骤如表 44-2 所示。

表 44-2　教学实施步骤

授课内容	时长(分)	教学过程	注意事项
1. 离散、连续、波形信源的分类标准与数学模型	1	首先给出分类标准,即时间与取值的连续或离散性;然后用表格对照这几种信源的特点、实例与数学模型	重点介绍离散、连续随机变量序列和随机过程与三类信源的对应关系
2. 老式广播通信与数字电视的案例分析	2	首先介绍老式广播通信的基本过程,然后介绍数字电视的主要特征,最后由学生提出新的信源并辨别其类型	多种形式重点介绍我国科技的发展,正面宣传我国在技术创新方面的巨大成就;注重拓展学生的思维方式和方法
3. 平稳信源与无记忆信源的特性	3	介绍平稳性和无记忆性的数学描述及表达式;以电报信号和中文自然语言为案例进行信源分类的课堂讨论;由学生分小组对常见信源进行收集与分类辨别。	提高学生观察现实社会和理解相关原理的能力,并进行过程性考核;结合信源分类标准的数学模型刻画说明道路自信的重要性
4. 信源分类的汇总介绍	1	重点介绍信源分类的数学模型,对平稳无记忆信源给出特殊示例;提示后续教学内容均与本节有关,整理相关资料并上传	侧重于学生的团队合作能力、主人翁意识和道德情操的培养

(五) 教学方法和载体途径

1. 教学方法

案例选用:信源分类及其数学模型。它是《信息科学基础》中"信源及其分类"中的教学内容,主要介绍三种信源分类的标准:时间与取值上是否连续或离散、是否满足平稳性与无记忆性等标准。它是贯穿"信源及信源熵"的提纲性内容,本章后续教学均围绕本节来展开,包含离散单符号信源、离散多符号信源(平稳信源、无记忆信源、马尔可夫信源等)、连续信源及微分熵等内容。

(1) 重点介绍信源分类中的时间与取值是否连续或离散这一类,利用表格对照实际案例,将随机变量、随机矢量和随机过程对应于相关的信源类别,强调数学概念在分类中的核心地位,提升学生应用现代科技能力,促进学生严谨数学思维的形成。

(2) 介绍平稳信源和无记忆信源的概念,引入电报信号、中文自然语言、多次抛硬币等三个案例,由学生讨论其平稳性和无记忆性,同时布置其他信源收集与分类的课外作业。在提升学生发现、分析与解决问题能力的同时,融入分类标准不同导致不同的社会制度上这个基本思想,阐明中国特色社会主义道路与中国国情的相符,坚定学生的"四个自信"。

(3) 汇总信源分类标准与数学模型,使用数学表达式描述相关概念,为后续教学内容打下坚实的基础。将学生分成若干小组对现实社会中的相关信源进行分类与资料上传,培养学生的职业素质和职业道德并提升其集体荣誉感。

2. 信息化载体

信息化载体包括四个页面的 PPT 课件，即按消息在时间和取值上是否连续或离散分类、老式广播工作原理和现代数字电视的特征、平稳信源与无记忆信源特性及模型(含电报信号、中文自然语言、多次抛硬币三个示例)、信源分类的数学模型汇总四个知识点。其中含有约半分钟的数字电视画面的视频和老式广播、数字电视、电报信号、中文自然语言等图片内容。这些课件与讲解内容已经制作成视频，上传到网络教学平台供学生学习。

3. 课堂讨论

课堂讨论主要由学生针对广播通信、数字电视、电报信号、中文自然语言、多次抛硬币等实例，进行是否满足数字与连续信源条件、平稳条件和无记忆条件进行分析与讨论，以期加深学生对信源分类标准的理解，特别是平稳性、无记忆性等关键概念的理解。同时，提示学生尝试对其他常见信源的分析，如电话、传真、音乐、图片等。

(六) 教学成效与教学反思

1. 教学成效

(1) 思政教学目标的达成度较高。通过介绍信源分类中的离散、连续与波形信源和平稳与无记忆信源的特点，达到培养学生应用科学技术的能力、弘扬以改革创新为核心的时代精神、增强学生辩证思维能力、培养学生的集体荣誉感的思政教学目标。

(2) 学生学习效果完成度较好。通过两次课堂案例讨论、课后信源收集及分类辨别资料的收集，辅以具体的考核评价手段(讨论得分与课后习题得分相结合)，较好地完成既定的学习内容并加强了过程性考核。

(3) 思政设计与教学内容结合度较紧密。将信源的具体类别与中国科技的发展进行延拓教学，既正面宣传中国科技进步的巨大成就，又将分类思维与中国特色社会主义道路紧密联系，坚定学生的"四个自信"。

2. 教学反思

(1) 教学素材和教学形式仍有待进一步增加和多样化。

(2) 思政元素融入有待深度挖掘。

为解决这两个问题，一方面要广泛收集本门课程的教学素材，同时采用翻转课堂、线上线下相结合等多种教学形式，以学生为中心进行过程性考核；另一方面要加强教师本身的思政教育，以习近平新时代中国特色社会主义思想武装老师的头脑，提升教师本身的政治理解力，这样才能将思政元素有机融入到课程内容中。

四十五、基于薛定谔方程的墨子号量子科学卫星

陈许敏　理学院

(一) 课程基本情况

课程名称：普通物理
课程学时：64
课程学分：4

(二) 思政育人目标

　　帮助学生掌握和理解薛定谔方程背后的物理图像，使学生具有初步的应用物理知识的能力，让学生初步领会量子纠缠概念并了解千公里级量子纠缠的科学前沿动态。引导学生学习科学家热爱科学、勤于观察、勇于探索、持之以恒的科学精神，激发学生的学习兴趣，提升学生科学素养，使学生在科学精神的熏陶与感染下，保持一颗好奇心，产生对自然、对普遍事物的好奇。培养学生面对新事物和新现象时，拥有一探究竟、刨根问底的主观能动性；结合物理学科的最新研究成果，体现教学与科研的深度融合，培养学生的学习能力。

(三) 与专业教学内容相结合的思政育人映射与融入点

　　在"普通物理"课程中，与"量子体系、波函数"相结合的思政育人映射与融入点如表 45-1 所示。

表 45-1　普通物理课程的思政育人映射与融入点

专业知识、技能	思政育人映射与融入点
量子体系、波函数	薛定谔方程及其应用

(四) 教学实施过程

　　介绍薛定谔方程，讲解波函数的物理概念，简述量子力学的隧道效应，从初步讲授量子纠缠态，逐渐过渡到墨子号量子科学卫星。最后，讲解基于薛定谔方程的墨子号量子科学卫星的量子通信技术的进展：千公里级的量子纠缠分发、千公里级星地高速量子密钥分发以及从地面到卫星的千公里级量子隐形传态。

(五) 教学方法和载体途径

1. 教学方法

采用课堂讨论的方法，介绍薛定谔方程(Schrodinger Equation)。在量子力学中，体系的状态不能用力学量(例如 x)的值来确定，而是要用力学量的函数$\Psi(x,t)$，即波函数(又称概率幅，态函数)来确定，因此波函数成为量子力学研究的主要对象。力学量取值的概率分布如何以及这个分布随时间如何变化这些问题都可以通过求解波函数的薛定谔方程得到解答。微观系统的状态由波函数来描写，它描述微观粒子的状态随时间变化的规律。薛定谔方程即波函数的微分方程。若给定了初始条件和边界的条件，就可由此方程解出波函数。在问题研讨环节，让学生具体说明我国墨子号的成就及国际地位，讨论拥有国际前沿水平的技术创新，培养学生的科学自信和爱国情怀。

2. 载体途径

在量子物理基础章节的薛定谔方程及其应用知识点的教学中，介绍墨子号量子实验卫星取得的巨大科学成就，激发学生的爱国情怀，增加同学的文化自信。墨子最早通过小孔成像实验发现了光是直线传播的，第一次对光的直线传播进行了科学解释——这在光学中是非常重要的一条原理，为量子通信的发展打下了一定的基础。墨子还提出了某种意义上的粒子论。光量子学实验卫星以中国先贤墨子来命名，体现了中国的文化自信。

作为中国科学院空间科学先导专项首批科学实验卫星之一，"墨子号"于 2016 年 8 月 16 日，在酒泉卫星发射中心成功发射。"墨子号"的成功发射，使我国成为世界上首个实现卫星和地面之间的量子通信，首个构建天地一体化的量子保密通信与科学实验体系的国家。量子卫星的成功发射和在轨运行，有助于我国在量子通信技术标准化的整体水平上保持和扩大国际领先地位，实现国家信息安全和信息技术水平跨越式提升，推动我国科学家在量子科学前沿领域的研究进展，对于推动我国空间科学卫星系列可持续发展具有重大意义。墨子卫星的主要科学目标：一是借助卫星平台，进行星地高速量子密钥分发实验，并在此基础上进行广域量子密钥网络实验，以期在空间量子通信实用化方面取得重大突破；二是在空间尺度进行量子纠缠分发和量子隐形传态实验，开展空间尺度量子力学完备性检验的实验研究。量子卫星实现了三大既定科学目标：① 千公里级星地双向量子纠缠分发；② 千公里级星地高速量子密钥分发；③ 千公里级地星量子隐形传态。

在星地双向量子纠缠分发的研究工作方面，墨子号量子科学卫星在国际上率先实现千公里级的量子纠缠分发及空间尺度严格满足"爱因斯坦定域性条件"的量子力学非定域性检验。2017 年 6 月 16 日，该研究成果以封面文章形式发表在《科学》上。英国《自然》杂志、美国《科学》杂志、CNN、BBC 等国际媒体均对该研究成果进行了专题报道。

在星地高速量子密钥分发的研究工作方面，墨子号量子科学卫星首次实现从卫星到地面的安全量子密钥分发。星地高速量子密钥分发成果于 2017 年 8 月 10 日在线发表在国际权威学术期刊《自然》上。审稿人评价该成果为 "显赫的成就"和"建立了该领域一个里程碑"，并断言"毫无疑问将引起广大量子信息、空间科学等科学家、普通大众的兴趣，并导致媒体的广泛报导"。

在地星量子隐形传态的科研工作方面，中国于国际上首次实现从地面到卫星的量子隐形传态。科学界对该工作给予了高度评价："这些结果代表了远距离量子通信的重大突破"，"这个目标非常新颖并极具挑战性，它代表了实现量子通信方案的重大进步"。

(六) 教学成效和教学反思

将"枯燥无味"的量子力学中最基本的薛定谔方程和量子不确定性概念融入到课堂讨论环节，拓展量子力学在科学前沿的具体应用，让学生在"重建"物理定律的发现过程中将知识点内化。

通过介绍墨子号量子实验卫星取得的巨大科学成就，增强学生的文化自信和自豪感。将国内外最新的科学研究成果引入课堂，尽力使学生在学习基础物理学知识的同时，还能及时了解该学科的一些前沿发展成果，重视学生的全面发展。学生对墨子号卫星的课堂反映远远好于平时单纯的理论讲授式教学，学生课堂反响较为强烈，课后讨论非常积极。课后，学生纷纷对墨子号卫星取得的成就表示惊叹，对神秘的量子力学知识产生憧憬，明显感受到学生的学习主动性和积极性大幅提高。

通过将薛定谔方程结合量子纠缠在我国科学前沿的应用的方式，以直观的科学成果引起学生的兴趣和激发学生学习的积极性，同时又帮助学生透过直观的科学成果理解背后的物理定律和概念。将枯燥的物理知识和生动的物理背景相结合，"寓教于乐、以乐促学"的教学方式在物理课堂上受到学生的一致好评。

四十六、从田忌赛马谈整数规划

刘建贞　理学院

(一) 课程基本情况

课程名称：运筹与优化
课程学时：48
课程学分：3

(二) 思政育人目标

在"运筹与优化"课程的"整数规划及其模型"这一部分内容的教学中，通过案例教学，指导学生应用已学的数学建模方法，把耳熟能详的古代经典案例用现代数学模型表示，从中学习整数规划模型和建模方法。在教学过程中，引导学生从数学角度分析、抽象、量化、解决实际问题，培养学生理论与实际相结合，利用理论知识解决实际问题的能力，训练学生理性的科学思维，发扬实事求是、勇于探索的科学精神。同时让学生深刻体会到我国古代高超的运筹思想，增强文化自信和民族自豪感。

(三) 与专业教学内容相结合的思政育人映射与融入点

在"运筹与优化"课程中，与专业教学内容相结合的思政育人映射与融入点如表46-1所示。

表 46-1　运筹与优化课程的思政育人映射与融入点

专业知识、技能	思政育人映射与融入点
整数规划问题及其模型	从数学角度量化解决经典实际问题，培养学生的科学思维，提升学生的综合数学素养，发扬实事求是、勇于探索的科学精神。学习我国古代高超的运筹思想，增强文化自信和民族自豪感

(四) 教学实施过程

(1) 在"运筹与优化"课程的"整数规划及其模型"这一部分内容教学中，首先回顾一般优化模型的基本表示形式和优化模型建立的常用方法。

(2) 引入《史记·孙子吴起列传》中的"田忌赛马"这一典故，请同学们思考如何将这个经典案例建立优化问题数学模型。

(3) 组织学生开展讨论，引导学生分析田忌赛马中的各个优化元素。优化目标：希望田忌三场比赛整体情况赢多输少。需要做的决策：匹配各等级马进行比赛。决策所受到的条件限制：每一等级的马各比赛一场。鼓励学生竭尽所能，应用之前学习的数学建模方法，把这些因素用数学式子表达，把这个古代经典案例用现代数学模型表示。其间老师结合学生讨论情况，在合适的时机加以提示，引导学生完成从实际问题到数学模型的过程。

(4) 在学生讨论基础上给出田忌赛马的准确数学模型，指出田忌赛马的数学模型正是本节要学习的整数规划模型，引入整数规划模型概念。而田忌赛马中孙膑的方案正是这个整数规划模型的最优解，在后面整数规划的算法学习中我们会验证这个结论。在整个过程中，学生一边深刻体会我国古代高超的运筹思想，增强文化自信和民族自豪感；一边见证现代科学技术量化解决实际问题的能力，训练理性的科学思维，发扬科学精神。

(5) 给出几个常见实际问题，让同学练习建立这些问题的整数规划模型，进一步理解掌握整数规划模型和建模方法。

(五) 教学方法和载体途径

1. 教学方法

在"整数规划及其模型"这一部分内容教学中，采用课堂讲授与案例教学相结合的方法。首先介绍"田忌赛马"的经典案例，指导学生分析讨论问题中的条件和目标，写出"田忌赛马"的准确数学模型，引导学生学习从数学角度抽象、分析、量化、解决实际问题。

首先介绍典故《史记·孙子吴起列传》中的"田忌赛马"，如图 46-1 所示。战国齐将田忌与齐威王赛马，二人各拥有上、中、下三个等级的马，但齐王各等级的马均略优于田忌同等级的马，如依次按同等级的马对赛，田忌必连负三局。田忌根据孙膑的运筹，以自己的下、上、中马分别与齐王的上、中、下马对赛，结果田忌二胜一负，反败为胜。

图 46-1　田忌赛马

引导学生展开讨论，分析问题中的优化目标和需要做的决策。老师根据需要加以合适的提示，帮助学生利用所学数学建模方法，完整准确写出"田忌赛马"的现代数学模型。

假设变量 $x_{ij}=1$ 表示安排田忌的第 i 等级马和齐王的第 j 等级马比赛，$x_{ij}=0$ 表示没有此安排，目标函数则是三场比赛中田忌赢的场数和输的场数的差，可以体现最终比赛的输赢情况。最后给出田忌赛马的准确数学模型，如图 46-2 所示。

$x_{ij} = 1$：田忌的第i等级
马和齐王的第j等级马比赛
$x_{ij} = 0$：没有此安排

目标函数：三场比赛中，
田忌赢的场数和输的场数
的差，体现最终比赛的输
赢情况

田忌赛马
——对策问题

田忌赛马的准
确数学模型：

$$\max z = -x_{11} + x_{12} + x_{13} - x_{21} - x_{22} + x_{23} - x_{31} - x_{32} - x_{33}$$

$$s.t. \begin{cases} \sum_{i=1}^{3} x_{ij} = 1 \\ \sum_{j=1}^{3} x_{ij} = 1 \\ x_{ij} = 0 \text{或} 1, \ i, j = 1, 2, 3 \end{cases}$$

图46-2 田忌赛马的数学模型

这样田忌赛马的策略选择就转化为在上述优化模型中选取合适的变量取值，使得目标函数值最大。类似上述形式的优化模型就是本节要学习的整数规划模型。引入整数规划模型概念：要求目标函数和约束条件都是线性函数，变量取值是整数的一类优化模型。概念学习之后接着给出几类常见实际问题，让同学们练习建立相应的整数规划模型，进一步熟练掌握整数规划模型和建模方法。

2. 课程信息化载体

教学中充分运用课件、图文、视频等数字化资源，围绕田忌赛马案例整数规划模型开展信息化教学，优化教学过程。从众所周知的经典案例入手，讲解整数规划模型。一方面从熟知的问题切入，过程中借助图文、视频、三维模型等深度资料展示实际案例，激发学生兴趣，调动学习积极性，让学生全情投入到运筹学实际问题—数学模型—模型求解—实际应用的学习实践过程中，提高本节知识点学习效果；另一方面，从数学角度抽象、分析、量化、解决实际问题的全过程中，学生不仅学会了知识，还增强了利用数学理论知识解决实际问题的能力，既训练了理性的科学思维，又培养了实事求是、勇于探索的科学精神。

3. 课前预习和小组讨论

课前，教师利用课程群向学生发送预习案例，学生利用老师上传资源以及自己查找资料，实现课前自主学习。课堂中引导学生充分展示他们的学习成果和存在的问题，也可以小组为单位交流讨论"田忌赛马"的建模过程。加强学生的参与度，使得案例的数量化过程得到充分展示。最后教师对案例中体现的古人高超的运筹思想进行延展和补充，对整数规划模型建立方法技巧进行课堂总结，并根据小组表现进行小组互评和教师评价，结合课前预习评价，形成过程性考核评价结果。

(六) 教学成效和教学反思

通过田忌赛马案例展开整数规划模型教学，激发学生兴趣。一方面学习了解中国古代应用运筹思想巧妙处理问题的案例，增强文化自信和民族自豪感；另一方面又见证了现代科学技术量化解决问题的强大威力，培养学生理性的科学思维，发扬科学精神。通过这个方式学习整数规划建模方法，学生普遍掌握得比较好，利用理论知识解决实际问题的能力增强了。在整个运筹与优化课程的教学中，合适的案例选择对学生的学习兴趣培养和知识点理解都是很有帮助的，后续需要挖掘更多合适的与时俱进的案例。

四十七、从人体内环境稳态理解人与环境的和谐统一

杨文伟　　自动化学院

(一) 课程基本情况

课程名称：人体解剖与生理学
课程学时：48
课程学分：3

(二) 思政育人目标

　　"人体解剖与生理学"课程是医学信息工程等交叉学科专业的医学基础类课程，是必修的专业基础课。课程通过传授"人体解剖与生理学"的生理系统结构和功能等理论知识，培养学生运用基本理论知识分析与解决医学信息工程领域复杂工程问题的能力。课堂教学中增加"人体解剖与生理学"的哲学思想和经典实验，培养学生的科学思维和创新意识，帮助学生形成正确的世界观、人生观、价值观，让他们学会敬畏自然、尊重生命。结合专业领域的发展和创新，培养学生的专业责任感和自豪感。通过讨论式教学，培养学生友善、协作和沟通能力。

(三) 与专业教学内容相结合的思政育人映射与融入点

　　"人体解剖与生理学"课程中，与专业教学内容相结合的思政育人映射与融入点如表47-1 所示。

表 47-1　　"人体解剖与生理学"课程的思政育人映射与融入点

专业知识、技能	思政育人映射与融入点
人体的内环境及其稳态： (1) 内环境是细胞直接生活的环境，即细胞外液；细胞代谢所需要的氧气和各种营养物质只能从内环境中获取，而细胞代谢产生的二氧化碳和代	针对本案例知识点"人体内环境及其稳态"，讲解人体内环境稳态的概念和意义。内环境稳态是生命系统的特征，也是机体存活的条件，它让每一个细胞分享，又靠所有细胞共建。从细胞和人体内环境稳态的这种关系，启发学生去思考人类和整个生态环境的关系。良好的自然环境使人类得以生

续表

专业知识、技能	思政育人映射与融入点
谢产物直接排到内环境中，然后通过血液循环运输，由呼吸和排泄器官排出体外； （2）内环境的稳态指在正常生理情况下，内环境的各种物理、化学性质保持相对稳定，内环境的理化性质只在很小的范围发生变动。稳态严重失衡会导致疾病的发生	存，但人类的不当活动也会破坏人类和自然之间的平衡，给人类带来灾难，就像细胞离开了内环境稳态就不能生存一样。 　新型冠状病毒疫情给全球按下暂停键，细数历史上多次疫情，看似强大的人类一次次与小小的细菌、病毒交锋，付出了许多生命的代价。以埃博拉病毒为例，介绍埃博拉病毒如何因非洲人食用野生动物而传染到人类的过程。由此看出，人类对自然的不当索取和破坏会打破人与自然的平衡，使人类遭受伤害甚至死亡，就像打破了内环境的平衡，细胞将无法生存。疫情的爆发提示我们应该对大自然心存敬畏，应学会尊重生命、与大自然和平共处

（四）教学实施过程

教学实施过程如下。

1. 例证引入，要点精讲

通过例证，设想在极地严寒和高温炎热环境下人体的适应反应，提出问题"细胞如何能够在这些恶劣的环境下生存"，启发学生思考人体内环境和稳态的概念和含义，以及它们对细胞生存的意义。

2. 讲解内环境稳态与疾病的关系

内环境的理化性质只在很小的范围发生变动，如果稳态失衡，则会引发疾病。通过自身调节系统，如果内环境稳态得以维持，则表现为疾病的自然治愈；如果不能维持稳态，而必须通过施加干预才能帮助机体恢复稳态的情况，就是对疾病的治疗。以此启发学生思考内环境稳态维持和失衡的不同情况，加深对内环境稳态生理功能的理解。

3. 实例类比，引申思考

从细胞和内环境稳态的关系启发学生思考人类和自然的关系。良好的环境使人类得以生存，而人类的不当活动会破坏人类和自然之间的平衡，给人类带来灾难，就像打破了内环境的平衡，细胞将无法生存一样。以埃博拉病毒为例，介绍埃博拉病毒如何从野生动物而传染到人类的过程，提示我们应该对大自然心存敬畏，不要随意侵犯野生动物的世界。通过类比，教育启发学生尊重生命、敬畏自然，学会与大自然和平共处。尊重生命是一种美德，敬畏自然就是善待自己。引用学生们熟悉的动画片《狮子王》里的一句话，"世界上所有的生命都在微妙的平衡中生存"，人类也不例外，引发学生共鸣。

4. 设立课后主题讨论，启发学生深入思考

通过课后主题讨论的方式，把课堂学习延伸到课后自主学习。讨论主题分为两部分，

分别是专业知识主题和思政教育主题。专业知识的讨论主题是"人体的内环境和稳态的含义",思政教育的讨论主题是"如何理解人体内外环境和谐统一"。主题讨论模块使学生增进了对知识点的理解,也有助于培养他们形成正确的世界观、人生观、价值观,学会敬畏自然、尊重生命。

(五) 教学方法和载体途径

案例的教学设计如图 47-1 所示,运用的教学方法和载体途径如下。

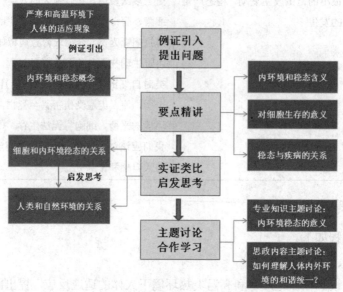

图 47-1　案例教学设计示意图

1. 讲授法

教师对知识点进行要点精讲,并举出稳态失衡的实例,通过讲解稳态与疾病的关系,启发学生思考稳态维持和失衡的不同情况,加深对内环境稳态生理功能的理解。内环境是细胞直接生活的环境,即细胞外液。人体内环境稳态指正常生理情况下,内环境的各种物理、化学性质是保持相对稳定的,内环境的理化性质只在很小的范围发生变动,稳态严重失衡会导致疾病发生。通过讲解内环境稳态和疾病的关系,引导学生思考内环境稳态的意义。

2. 实例类比,启发思考

从细胞和内环境稳态的关系启发学生思考人类和整个生态环境的关系。通过一些图片和视频新闻报道展示,引导学生认识到良好的自然环境使人类得以生存,但人类的不当活动也会对整个生态环境造成破坏。结合新型冠状病毒疫情和历史上的多次疫情爆发,提示人类应该对大自然心存敬畏,不要随意侵犯野生动物的世界。尊重生命、敬畏自然,学会与大自然和平共处。

3. 讨论式教学

教学模式采用对分课堂,注重发挥学生在学习活动中的主体作用,鼓励学生开展自主学习和讨论。教学过程是:在前一次教学活动结束后,教师围绕课程内容设立相关讨论主题，引导学生开展自主学习和讨论。讨论主题包括专业知识主题和思政教育主题。这种教学模式不仅可以增进对案例知识点的理解，还可以培养学生的友善、协作和沟通能力。

(六) 教学成效和教学反思

(1) 该案例的思政教学材料选取了身边发生的重大时事，容易引起学生关注和共鸣。疫情的影响涉及每一个人的生活，有些人还遭遇了感染疾病的痛苦甚至在疫情中失去了亲人。作为学生，不能回到校园，生活受到隔离，都是这场疫情带来的，同学们对这些情况深有体会。这时候，启发同学们思考"造成疫情的原因是什么"，更容易引起同学们关心和关注，也更能引发同学们共鸣。该案例的思政内容由专业知识引出，自然引入，不是生硬刻板的灌输，符合逻辑和科学的思维方式。这样的思政育人是水到渠成的，不是刻意为之，容易达到思政育人的目标——"培养学生的科学思维，让学生学会尊重生命、敬畏自然"。

(2) 学生的收获可以通过作业、讨论、论文或考试答题体现。在教学设计和考核中，都有体现思政育人效果的评估，从而保证育人目标的实现。

四十八、诚实守信

——全概率公式和贝叶斯公式

杨建芳　理学院

(一) 课程基本情况

课程名称：概率论与数理统计
课程学时：48
课程学分：3

(二) 思政育人目标

通过全概率公式的学习，让学生认知全局和局部的概念，既要着眼全局又要兼顾局部，要有放眼世界的胸怀。对疫情案例的分析，让学生深刻认识到国家对疫情采取防疫政策的意义，认识到人类命运共同体的核心价值观。

贝叶斯公式的本质是由果及因，通过经典案例《孩子和狼》的故事因势利导，让学生树立起诚实守信的道德品质；对诊断案例的分析，让学生科学客观地看待检查结果，培养学生追求美好生活、积极健康向上的良好心态。

(三) 与专业教学内容相结合的思政育人映射与融入点

"概率论与数理统计"课程中，与专业教学内容相结合的思政育人映射与融入点如表 48-1 所示。

表 48-1　概率论与数理统计课程的思政育人映射与融入点

专业知识、技能	思政育人映射与融入点
全概率公式	培养学生放眼世界的全局观，意识到疫情防控需要全世界人们的共同努力，认识到人类命运共同体的核心价值观
贝叶斯公式	通过《孩子和狼》的故事，讲解贝叶斯由果及因的思想，从而引导学生树立诚实守信的道德品质；对于诊断案例的分析，引导学生客观看待检查结果，树立乐观积极的生活态度

(四) 教学实施过程

(1) 全概率公式概念的引入以及研究全概率公式的意义。

(2) 与时俱进讨论案例，把世界各国作为全空间的一个划分，通过各国新冠疫情的数据，结合全球整体状况给出全概率公式的概念，引导学生认识到人类命运共同体的核心价值观。只有全世界抗疫胜利，才是真正的胜利。

(3) 贝叶斯公式及其应用背景的介绍，让学生定性地理解贝叶斯公式"由果及因"的含义。

(4) 引用《伊索寓言》中大家耳熟能详的《孩子和狼》的故事，形象地阐述贝叶斯公式由果及因的内涵，诱导学生参与诚信的重要性的课堂讨论，列举相关案例并阐述贝叶斯公式对自己的启发。

(5) 学习医学临床检验案例，分析这次新冠疫情中的疑似病人的心理状态，让学生客观看待检查结果，不要过分惶恐、杞人忧天，同时也要认真对待，防患于未然。

(五) 教学方法和载体途径

1. 教学方法

1) 全概率公式课堂导入部分

期末考试结束，《概率论与数理统计》课程负责人需要统计这门课程的不及格率。已知每个教学班的不及格率(教学班成绩录入后自动生成)，以及每个教学班占总人数的比重，如何求这门课程的不及格率？通过这样一个与同学们密切相关的案例引入全概率公式，以此了解、学习全概率公式的意义。

课堂讨论：如何利用全概率公式计算全世界新冠病毒的感染率？

全世界是人类命运的共同体，把世界作为一个样本空间，所有的国家便是一种划分。事件 A 表示全世界感染冠状病毒人群，$B_1, B_2, \cdots, B_n$ 表示所有国家，根据各国数据统计，我们可以知道每个国家人口总数和感染冠状病毒的人数，根据全概率公式计算可得出全世界的感染率。

向学生展示某日疫情数据，引导学生给出合理划分：国内和国外，或者所有国家构成一个划分。进一步讨论战胜疫情的关键不是一个国家的胜利而是全世界疫情都得到有效控制，以更好地理解划分的概念和全概率公式，认知人类命运是个共同体。

在讨论新冠病毒感染率案例的时候，因势利导地引导学生拥有放眼世界的胸怀，深刻理解我们国家对其他国家防疫物资、技术、医务人员、疫苗等援助的意义，认识到人类命运共同体的核心价值观，体会到中国在世界防疫工作中所做的贡献。正如 2020 年 12 月 4 日王毅部长在出席新冠肺炎疫情问题特别联大会议上所说的"中国充分发挥科技支撑作用，推进国际联防联控，减少疫情跨境传播。主要大国应当发挥表率作用，坚持走合作抗疫的正道"。通过了解中国始终坚持的这种"人民至上，生命至上"的理念，树立作为中国人的自信，增强民族自豪感。

2) 贝叶斯公式课程导入部分

贝叶斯(Thomas Bayes, 1702—1761)，英国牧师、业余数学家。生活在 18 世纪的贝叶斯生前是位受人尊敬的英格兰长老会牧师。他在数学方面主要研究概率论。他首先将归纳推理法用于概率论基础理论，并创立了贝叶斯统计理论，对于统计决策函数、统计推断、统计的估算等都做出了贡献。贝叶斯决策就是在不完全情报下，对部分未知的状态用主观概率估计，然后用贝叶斯公式对发生概率进行修正，最后再利用期望值和修正概率做出最优决策。贝叶斯公式已被广泛应用在医学、信息传递、生产、侦破案件等方面。

贝叶斯理论的核心思想，通俗来讲就是"看起来更像"，在不完全情报下，希望通过已知的经验加以判断。用"经验"进行"判断"，经验怎么来？有了经验怎么判断？这里涉及两个基本概念，即先验概率和后验概率。先验概率是指由以往数据分析得到的概率。后验概率是根据当前信息再重新加以修正的概率，也就是根据当前看到的结果溯源寻求导致这个结果发生的原因，即由果及因，因此贝叶斯公式也被称之为"逆概率公式"。对于这里的"验"，主张认知的人将其解释成经验，主张实践的人将其解释成"实验"，不妨把先验和后验认为是两位诸葛亮，先验这位是事前诸葛亮，后验这位是事后诸葛亮。以空城计来说，诸葛亮布阵的时候，是根据司马懿一贯的个性，断定他不敢进城，这是先验。等到司马懿真的来了，在城下犹豫不决，要退不退，诸葛亮一看就知道事妥了，这是后验。

课堂讨论：定性阐述如何把贝叶斯理论用于医学、侦破案件等不完全信息的领域。

通过历史人物的介绍和研究背景的探讨，直观地理解贝叶斯公式的含义，激发学生的学习热情。比如看到某个人总是做一些好事，有这个"验"，就会推测这个人基本是个好人。也就是说，当不能准确知悉一个事物的本质时，可以根据与事物特定本质相关的事件出现的多少去判断其本质属性的概率。从统计学的角度去认知通过现象看本质的哲学思想。

3) 《孩子与狼》案例分析

《伊索寓言》中《孩子与狼》的故事，大家耳熟能详。在教学中我们以"故事中的村民对孩子的可信度是如何下降的"这个问题为先导，引导学生用概率语言来表示故事中的事件，并进一步推动学生利用概率知识解决上述问题。首先设事件 A 为"小孩说谎"，事件 B 为"小孩可信"，再假设"可信的孩子说谎的概率为 0.1，不可信的孩子说谎的概率为 0.5"，即

$$P(A|B) = 0.1, \ P(A|\bar{B}) = 0.5$$

村民原来对这个孩子的印象是较为可信的，不妨设 $P(B) = 0.8$。在建立了概率模型并进行了合理假设之后，再引导学生把说谎的孩子的可信度用概率表达式表示出来，并利用概率方法计算出来。故事中的孩子第一次说谎之后，利用贝叶斯公式可以计算出村民对孩子的可信度改变为

$$P(B|A) = \frac{P(A|B)P(B)}{P(A)} = \frac{P(A|B)P(B)}{P(A|B)P(B) + P(A|\bar{B})P(\bar{B})}$$

$$= \frac{0.1 \times 0.8}{0.1 \times 0.8 + 0.2 \times 0.5} = 0.444$$

在此基础上，再一次利用贝叶斯公式可以计算出孩子第二次说谎之后，村民对孩子的可信度进一步下降，约为 0.138。计算结果表明孩子说了两次谎之后，村民对他的可信度

由原来的较高值下降为非常低的值。如此低的可信度，村民听到第三次呼叫时怎么会再上山打狼呢？

　　4) 医学临床检验案例分析

　　根据以往的临床记录，某种诊断癌症的试验具有如下的效果：若以 A 表示事件"试验反应为阳性"，以"C"表示事件"被诊断者患有癌症"，则有

$$P(A|C)=0.95, \quad P(\bar{A}|\bar{C})=0.95$$

现在对自然人群进行普查，设被试验的人患有癌症的概率为 0.005，即 $P(C)=0.005$，试求 $P(C|A)$。

　　由贝叶斯公式计算得

$$P(C|A)=\frac{P(A|C)P(C)}{P(A)}=\frac{P(A|C)P(C)}{P(A|C)P(C)+P(A|\bar{C})P(\bar{C})}=0.087$$

　　根据计算结果可以知道，即便试验反应为阳性，真正得癌症的概率是很小的。要引导学生客观地看待检验结果，同时也要说明，尽管概率很小，但是医学检查还是必需的，通常会通过复查来确定是否患有癌症。依旧采用贝叶斯公式，复查如果是阳性，得癌症的概率则高达 0.644。因此面对检查结果，没有必要杞人忧天，但也要听从医生建议定期做检查，防微杜渐，把疾病尽可能扼杀在初始状态。

　　课堂讨论：新冠病毒疑似病例确诊的可能性多大？

　　核酸检测法被用于新型冠状病毒诊断。已知新型冠状病毒感染者经核酸检验法诊断为患者的概率为 0.95，而非新型冠状病毒感染者经核酸检验法被误诊为感染者的概率为 0.01，假设武汉新型冠状病毒感染率为 0.004，现有一人经诊断为新型冠状病毒感染者，求此人确实为感染者的概率？

　　参考答案：

$$\frac{0.004\times0.95}{0.004\times0.95+0.996\times0.01}=\frac{95}{344}\approx0.276$$

　　贝叶斯公式部分涉及道德品质和科学精神两个思政育人融入点。从《孩子和狼》这个案例中我们可以看到，贝叶斯公式与人类的认知心理是相符合的。教育同学们做人做事要讲诚信，只有树立起诚实守信的道德品质，才能适应社会生活的发展需要，有所作为。通过医学临床检验案例的分析，引发学生对新冠疑似病例确诊可能性大小的讨论，引导学生科学客观地分析数据，一方面要重视疫情防控，另一方面也没有过分恐慌，杞人忧天，继而培养学生追求美好生活的、积极健康向上的良好心态。

　　2. 课程信息化载体

　　在教学过程中，充分运用课件、图文、视频等数字化资源开展信息化教学，优化教学过程。

　　(六) 教学成效和教学反思

　　通过思政融入点的讲解，让学生更好地理解条件概率、全概率公式以及贝叶斯公式的实际应用。条件概率就是指在某一限制条件下对另外事件的研究，基于这个概念可以解读疫情期间我们国家帮助其他国家一起抗疫的政策。全概率公式旨在培养学生的全局观，不

拘泥于局部情况，通过疫情案例分析，学生可以更好地理解其精髓。

　　通过课堂上对贝叶斯理论应用领域的讨论，调动学生学习热情，也能够很好地认知通过现象看本质的哲学思想。贝叶斯公式是一个数学表达式，如果将其转化成文字，就是凡事并不能单纯凭经验臆断，而应该根据当前数据分析寻求导致某结果发生的原因，即根据当下的事情发生调整我们对此类问题的看法。

　　故事中的孩子用生命为代价诠释了诚信的重要性。在这次疫情防控中，诚实汇报自己的行程也至关重要。在用概率方法解决了这个问题之后，教师可以进一步挖掘其中的德育内涵。诚信是中华民族的传统美德，是一个人的立身之本。孔子曰："人而无信，不知其可也。"我国古代历史典故中也有许多关于诚信的故事，比如商鞅徙木立信、曾子杀猪不欺子、黄金百斤不如季布一诺等。在现代社会，诚信是公民必须恪守的基本道德准则之一，是社会主义核心价值观的基本内容之一。

四十九、工程实际问题中的求实创新

陈慧鹏　机械工程学院

(一) 课程基本情况

课程名称：机械原理
课程学时：48
课程学分：3

(二) 思政育人目标

"机械原理"是高等学校机械类专业的主干专业基础课，是学习专业课程和从事专业工作的必备基础，重点培养学生机械设计能力和创新思维。在培养机械类高级工程技术人才过程中，本课程为学生今后从事机械设计、研究和开发创新奠定必要的基础。本案例的思政育人目标是：在运用机械原理知识解决工程实际问题时，学生能够做到理性思考、求实创新；通过了解机械原理的发展情况，塑造科技强国、创新兴邦的重要理念。

(三) 与专业教学内容相结合的思政育人映射与融入点

"机械原理"课程中，与专业教学内容相结合的思政育人映射与融入点如表 49-1 所示。

表 49-1　机械原理课程的思政育人映射与融入点

专业知识、技能	思政育人映射与融入点
本案例结合"机械原理"课程的研究对象以及在培养高级工程技术人才全局中的地位、任务和作用等相关内容，要求学生对国内外机械学科的发展及趋势进行调研	教师需要引导学生理解工程实践技术就是"从实践中来，到实践中去"的技术。《机械原理》是一门解决企业实际生产中的机械设计相关问题的课程，用来解决企业日益增长的技术需求与他们本身技术短缺之间的矛盾。本课程通过让学生对机械学科的发展情况进行调研，培养学生的责任感和使命感，让"科技强国、创新兴邦"的理念根植于课程思政教学之中

(四) 教学实施过程

(1) 课前。教师结合工程实际问题，在授课前进行充分的教学设计，给学生发布课前学习任务。

(2) 课中。教师以工程实例为基础，引导学生结合工程实际进行学习，组织学生自主学习，自行查阅相关文献，完成任务。通过机械创新和机械发展历程的讲解，教师将学生的求职目标和机械原理相结合，使学生明确自己的学习目标，培养学生科技强国、创新兴邦的重要理念。

(3) 课后。教师通过网络教学平台与学生进行互动，学生可以在网络教学平台上提问，学生、老师都可以对问题进行答疑。

(五) 教学方法和载体途径

(1) 教师将自己完成的实际工程实例引入到"机械原理"的设计及分析教学之中。本案例采用如下几个项目实例：

① 工程实际问题中的求实创新——教师通过装载机工作装置的结构设计，帮助学生理解及正确处理如何将理论与实际应用进行有机结合，提高学生的积极性，理解并灵活运用工程实践技术。

② 机构创新典型案例——教师结合汽车线控转向实验台架设计，让学生掌握机构运动中的运动和受力相关分析，培养学生对于实际工程中机械的速度、加速度和力的推导能力。

③ "机械原理"课程设计中的团队合作——教师根据汽车分布式动力驱动底盘结构设计要求，将学生分组进行任务的完成，培养学生团结合作的精神。

④ 瞬心法求速度的工程应用——教师利用单缸四冲程内燃机中速度的简洁求取方法，培养学生工程建模能力。

⑤ 同一构件两点间速度求解方案——教师将矢量法应用在牛头刨床机构运动分析中，培养学生对机械运动进行分析的能力，如图 49-1 所示。教师通过工程实例引导学生理解工程实践技术是"从实践中来，到实践中去"的道理，《机械原理》就是一门解决企业实际生产中遇到的机械设计相关问题的课程，解决企业日益增长的技术需求与他们本身技术短缺矛盾的课程。

图 49-1　机械原理典型工程案例

(2) 教师将学生的求职目标和"机械原理"课程相结合，使学生明确自己的学习目标。学生通过对"机械原理"相关实例的认识，知道自己学有所用、所学能用，将自己的理想、职业规划和未来国家的需要、社会的需要结合起来，培养自己的大局观、看齐意识，以期在未来的职业平台上拥有一席之地。

(3) 通过对机械的发展情况进行学习和研究，培养了学生科技强国、创新兴邦的重要理念。作为一门传统的学科，机械工程具有极为悠久的历史。当前，机械学科的发展有三个特点：

① 机械工程的传统领域与高新技术正密切结合，展现出新的面貌；

② 新的交叉技术不断涌现，机械工程出现了些新兴学科分支，机械工程研究应用领域不断扩展；

③ 随着机械工程的数字化发展，其数学、物理、化学等基础科学的支撑日显重要，其学科基础已经从"技术"为主转为"技术、科学"并重。

在后工业化时代，机械工程的研究内容领域有了新的拓展、研究手段和方法。中国在机械工程中具有重要的推动作用，通过调研机械工程的发展情况，培养了学生的理论自信、文化自信。与此同时，了解到我国机械工程与发达国家机械工程之间的差距，才能让同学们更加清楚地认识到自己的责任，在以后的学习工作中，不断地积累工程应用经验，提升我国机械工程方面的科研和技术水平。

本案例采用课堂讨论的方式进行教学，且要求学生最后提交调研报告。学生们通过广泛的调研、资料查阅、PPT 制作与讲解、讨论等方式进行学习。

(六) 教学成效和教学反思

本案例通过结合科学工作者研究的工程实例，帮助学生理解如何将理论与实际应用进行有机结合，提高了学生的学习积极性。学生们理解了工程实践技术具有"从实践中来，到实践中去"的特点，明白只有认真掌握理论知识才能灵活运用他们。学生们通过对机械原理相关实例的认识，将自己的理想、职业规划、未来国家和社会的需要结合起来，培养自己的大局观、看齐意识。通过调研机械工程的发展，学生们建立了理论自信、文化自信。同时，通过了解我国在机械工程技术上与发达国家之间的差距，同学们能够更加清楚地认识到自己的责任。

五十、"硬币的两面"

——压力之下的心理健康调试

徐琳　法学院

(一) 课程基本情况

课程名称：社会心理学
课程学时：48
课程学分：3

(二) 思政育人目标

通过介绍社会心理学在心理健康方面的应用，帮助学生掌握在压力环境下保持心理健康的方法；结合社会心理学的研究成果和生活中的案例，引导学生科学辩证地思考问题，促进学生与家人保持和谐的人际关系。

(三) 与专业教学内容相结合的思政育人映射与融入点

"社会心理学"课程中，与专业教学内容相结合的思政育人映射与融入点如表 50-1 所示。

表 50-1　社会心理学课程的思政育人映射与融入点

专业知识、技能	思政育人映射与融入点
1. 社会心理学在心理健康方面的研究成果及其应用 2. 调整自身心态和与他人和谐相处的技巧	学生通过了解社会心理学在心理健康方面的研究成果及其应用，学会在面对压力时(尤其是在面对疫情时)，辩证地思考问题，并利用相关的技巧调整心态，应对和化解压力；通过实践，将心理健康调试的技巧应用于生活，体会在与家人互动中关系的变化，从而为维持和谐的人际关系打下基础

(四) 教学实施过程

在上课之前，教师先让学生做一份心理健康问卷。根据问卷调查结果，教师与分数低的学生进行沟通，了解其当前的情绪状态及造成该情绪的主要原因。在课堂上，教师结合案例给学生介绍社会心理学在心理健康方面的研究，并指出研究的重要发现：亲密的人际关系和乐观的归因风格可以提高人们的健康与幸福水平。教师通过分析不同的归因风格对情绪的影响(如图 50-1 所示)，并结合前期与学生沟通获得的反馈，引导学生看到"硬币的两面"——当危机事件发生时，会出现很多令人不愉快的东西。如果我们一直盯着负面的信息，只看到硬币的反面，就容易陷入悲观和抑郁的情绪状态。如果我们学会转变视角，看到另外积极的一面，即硬币的正面，则有利于我们的身心健康。

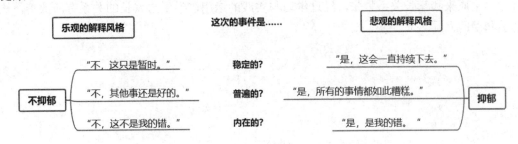

图 50-1　不同的归因风格对情绪的影响

(五) 教学方法和载体途径

教学方法采用问卷法、个别辅导、讲授法、案例教学和体验法。

由于是线上授课，教师通过学生的朋友圈了解到一些学生在疫情期间情绪受到了较大影响，就利用心理健康问卷对学生的心理健康水平进行了测试。根据测试结果与学生进行一对一的线上沟通，了解学生出现情绪困扰的具体原因，并通过个别辅导给予学生社会支持，让学生切身体会到人际关系对心理健康的积极作用。

在课堂上，采用讲授法介绍社会心理学在心理健康方面的研究发现。通过案例教学引导学生同时看到事物的两面。结合在疫情期间所遇到的问题，引导学生多去关注在疫情中涌现的感人事迹。例如，全国各地驰援武汉的行动，逆行者舍小家为大家的前行，"生命摆渡人"快递小哥汪勇的故事等。结合个人，虽然在疫情期间不得不待在家里是一个负面事件，但从积极的一面看，待在家里会有更多的机会与父母进行亲子沟通，而待在家里也是一种抗疫，对社会有不可或缺的价值。在对案例的解析中，同时融入思政元素，激发学生的爱国主义热情，培养学生的社会责任感。

课后让学生观看视频"疫情之下，人人必备的心理调节法"。该视频是哈佛心理学博士刘轩在疫情期间做的直播，在其微信公众号"刘轩 XL"上可以找到回放。刘轩博士在该视频中介绍了影响情绪的 10 个因素：生理因素、饮食、作息、运动、平常服用的药物、资讯和新闻媒体、使用的字眼、居住环境、气味和声音、家人互动气氛。此外，刘轩博士还介绍了对情绪改善有很大帮助的呼吸调节法。学生通过跟着视频进行练习，以直观的体验来掌握相应的技巧。

(六) 教学成效和教学反思

为了保证学生的学习效果，教师在课后对课堂讲授的重要知识点和视频中的知识点进行测试，如哪些因素会影响情绪和心理健康、哪些食物会加剧焦虑、分享做完呼吸训练之后的感觉、准备在生活中使用哪些方法对自己的情绪进行改善。当学生在限定的时间完成后，教师对学生完成的测试进行批改。学生的完成率为91.3%，平均分为97.19。从学生的反馈情况来看，学生的负面情绪有了较大改善。学生在进行呼吸调节之后负面情绪普遍得到缓解，焦虑的感觉不那么强烈了。他们还提出了积极有效的解决方案，如与家里人进行积极互动、运动、减少对负面信息的摄入、对房间进行整理等。教师在后面几周与学生进行交流时发现，学生在生活中运用了学习到的方法和技巧，教学效果获得了进一步的巩固。有的学生原来和家长关系紧张，经过学习与实践的运用，学生与家长的关系有所改善，构建了和谐的人际关系。